LA FAMILLE DE L'ÉMIGRÉ, OU LE TRIBUNAL DE SANG.

ÉPISODES DE LA RÉVOLUTION FRANÇAISE,

Par Fourquet-d'Hachette,

AUTEUR DE COLAS ET COLETTE, OU LES HEUREUSES VICTIMES, ETC.

TOME PREMIER.

PARIS,

A. LEROUX, ÉDITEUR,

RUE NEUVE-SAINT-AUGUSTIN, N.° 6, PRÈS CELLE DE RICHELIEU.

1825.

LA FAMILLE

DE

L'ÉMIGRÉ.

I.

VERSAILLES,
DE L'IMPRIMERIE DE VITRY.

« Secourez la pauvre femme aveugle d'un brave officier, qui meurt de faim et à qui le ministre a refusé la pension! .... »

LA FAMILLE
DE
L'ÉMIGRÉ,
OU
LE TRIBUNAL DE SANG.

ÉPISODES DE LA RÉVOLUTION FRANÇAISE,

Par *Fourquet-d'Hachette*,

AUTEUR DE COLAS ET COLETTE, OU LES HEUREUSES VICTIMES, ETC.

> Si ceux qui ont fait la révolution de la fin du siècle dernier, pour établir la république en France, eussent été de vrais républicains, ils n'auraient ni persécuté ni assassiné leurs semblables, car un gouvernement quelconque qui cherche à consolider son pouvoir en sacrifiant le peuple, n'est qu'un tribunal de sang.

TOME PREMIER.

PARIS,
A. LEROUX, ÉDITEUR,
RUE NEUVE-SAINT-AUGUSTIN, N.° 6, PRÈS CELLE DE RICHELIEU.
1825.

LA FAMILLE DE L'ÉMIGRÉ,

OU

LE TRIBUNAL DE SANG.

CHAPITRE PREMIER.

M. d'Azinval vivait à Paris ; son épouse le rendit père de trois enfans, un garçon nommé Léonce et deux filles dont l'une se nommait Rosalie, l'autre Adélaïde. Les vertus de madame d'Azinval lui avaient acquis l'estime et l'amitié, non-seulement de sa famille, mais encore de tous ceux qui la connaissaient.

Cette famille, très-ancienne dans la robe, ne possédait pour tout bien que la terre de Sarcy, située dans une des plus belles contrées de la France. Tout ce qui pouvait rendre ce séjour agréable et commode, s'y trouvait réuni. Elle eût continué de vivre à Paris, où M. d'Azinval occupait une place aussi honorable qu'avantageuse, s'il n'avait pas formé, pour le bonheur de Rosalie, la résolution d'aller vivre à la campagne.

Madame d'Azinval, élevée dans une de ces maisons de retraite fondées par la bienfaisance de nos Rois et destinées à l'éducation des demoiselles de qualité pauvres et sans fortune, y avait contracté un amour pour la simplicité, qui s'accordait parfaitement avec celui de son époux. D'après ce goût réciproque, pour la vie retirée, ils se décidèrent sans peine à quitter une ville dont le séjour est souvent très dangereux pour la jeunesse.

Rosalie avait alors quinze ans. Comme M. et madame d'Azinval allaient peu dans le monde. Il passait le tems dont sa place lui permettait de disposer auprès de sa famille, faisant lui-même l'éducation de ses deux enfans plus âgés, car Adélaïde n'avait encore que six mois.

Le matin, il lisait avec son fils les anciens auteurs. Pendant cette lecture, Rosalie et sa mère, qui étaient assises auprès d'eux, brodaient en les écoutant, et se mêlaient à la conversation, quand elles avaient à dire quelque chose.

L'auteur favori de Léonce était Plutarque, qu'il lisait vraiment avec une sorte d'enthousiasme, de manière qu'à douze ans, c'était déjà un très-zélé partisan de la liberté et de l'égalité.

M. d'Azinval n'avait jamais pensé qu'on pût être autre chose que monarchiste, mais de ce moment, il le devint par principe, ou plutôt par attachement pour un fils qu'il voyait ne pouvoir faire fortune en France avec une telle façon de penser. Son épouse avait à peu près les mêmes opinions que son mari; Rosalie, au contraire, était du parti de son frère, et plusieurs années avant la révolution, on avait déjà agité dans cette famille, toutes les questions qui depuis ont occupé la France entière.

Tout désagréable que fut pour M. d'Azinval la manière dont se montait la tête de son fils, il crut cependant ne pas devoir en réprimer entièrement le premier essor, et il prit quelquefois le plaisir de lui abandonner par fois la victoire dans les entretiens de ce genre; trouvant que l'orgueil républicain, que cette fierté froide ne lui mésiait pas. Madame d'Azinval, qui fut la première à faire cette remarque, abandonna peu à peu le parti de son mari, et devint à son tour républicaine, du moins dans leurs discussions et leurs entretiens, car son profond respect pour tout ce qui tenait à la cour, en imposait singulièrement à son genre de républicanisme.

Voulant la mettre un peu à l'épreuve, son mari parla un jour de Brutus, qu'elle défendit avec la plus grande chaleur. — A la vérité, rien n'est plus grand ni plus héroïque que l'action de ce Romain, lui dit-il; mais supposons que ton fils Léonce ait conspiré contre la liberté, et que tu sois, comme Brutus, consul de Rome, ordonnerais-tu de lui abattre la tête? »

Cette tendre mère, laissant tomber son ouvrage, regarda fixement son mari et son fils, les pressa sur son sein et les arrosa de ses larmes pour toute réponse.

C'est ainsi que les jours de la famille d'Azinval se passaient au milieu des jouissances pures d'une tranquillité réelle qu'elle se flattait enfin d'avoir rencontrée. L'après-dinée, on faisait de la musique ou on allait en voiture faire des visites dans les maisons de campagne du voisinage, et la soirée se passait à lire.

Léonce, qui avait beaucoup de goût pour les tragédies, et surtout pour celles de Corneille, n'oubliait jamais la mort de César. M. et madame d'Azinval, aimant mieux ce qui les faisait rire, préféraient quelques bonnes comédies de Molière ou d'autres auteurs.

Le caractère de Rosalie et de Léonce se développait de jour en jour. Ce qu'on avait soupçonné n'arriva point. Léonce, en avançant en âge, perdit de cette âpreté, de cette rudesse de caractère qu'il était à craindre de voir changer en une dureté inflexible, son cœur devint plus sensible, et son humeur plus douce. Cette fougue de jeunesse se convertit en une douce mélancolie, sans cependant avoir rien de choquant pour ceux qui en étaient témoins. Toutes ses pensées se détachèrent de la terre pour s'élever vers l'éternité. Entre les mains d'un saint, il fût devenu un saint ou un extravagant. Les sons du luth de sa sœur suffisaient pour lui faire venir les larmes aux yeux, quand il était assis à côté d'elle, soit pour l'écouter, ou pour l'accompagner de la flûte, pour laquelle il avait depuis long-tems un goût très heureux et très soutenu.

Plutarque cessa d'être son auteur favori. Il ne pensa plus qu'à se soustraire au bruyant tumulte de la ville, et les endroits les plus écartés et les plus solitaires des promenades publiques, furent ceux où il se plaisait à se retirer. Là il prenait le mélancolique d'Arnaud, ou le doux Florian ou le licencieux Pétrarque, et se mettait à lire.

Sa mère avait eu raison de penser que son cœur était d'une trempe faite pour la tendresse, et que tout son être respirait le plus tendre amour. Elle avait parfaitement jugé Léonce. L'état où elle le voyait souvent lui fit craindre pour lui : mais ce fut à tort. Le feu brûlant de son imagination lui avait fait concevoir de la perfection des femmes, une idée dont toutes celles qu'il connaissait ou qu'il rencontrait à Paris, ne lui offrait aucun trait. Il y était donc sans danger, et d'après ce qu'on lui entendit souvent dire sur ce sujet, on devait être sans inquiétude sur sa conduite et sur le choix de ses liaisons. Cependant on voyait qu'il aimerait avec passion et d'une tendresse sans bornes, la première jeune personne qui aurait touché son cœur, et dans laquelle il trouverait ces qualités douces et heureuses dont il se plaisait à embellir la femme la plus digne de son tendre hommage.

Au grand étonnement de M. d'Azinval, le caractère de Rosalie prit la teinte qu'il avait cru que devait avoir celui de Léonce. Sans être sérieuse, ni ce qu'on peut appeler gaie, et sans avoir cette vivacité qu'on trouve dans les jeunes personnes de son âge, chacune de ses paroles annonçait la délicatesse, la bonté de son cœur. Tout ce qu'elle disait, comme tout ce qu'elle faisait, avait quelque chose d'expressif, de noble et d'intéressant. Souvent, en parlant d'elle à son mari, madame d'Azinval se permit quelquefois de l'accuser d'être orgueilleuse et fière, rien cependant ne justifiait ce reproche. Elle pouvait avoir de tems en tems le tort d'être d'une autre opinion que sa mère, mais dès qu'elle s'apercevait qu'elle se trompait, elle avait la franchise de l'avouer, ou elle prenait le parti de se taire, et, considérant ses parens avec un air calme, elle laissait continuer la conversation, sans y prendre aucune part, dans la crainte de se tromper de nouveau. Sa mère, qui sentait le reproche que ce silence exprimait, quand c'était elle qui le lui imposait, ne pouvait s'empêcher d'avouer à son mari, quand ils se trouvaient seuls, que Rosalie était charmante, et que tout annonçait en elle les plus rares qualités.

Souvent son père et sa mère regrettèrent de la voir si peu communicative avec eux; mais loin de chercher à deviner la cause de cet air sérieux et taciturne qui ne faisait qu'augmenter de jour en jour, ils l'attribuèrent à son caractère. Ils appelèrent cette qualité élévation d'âme, calme et paisible, connaissance intime de sa grandeur, et madame d'Azinval ajoutait : Rosalie tient cela de moi. A son âge, j'avais cette même noblesse, cette même fierté : en tout, c'est mon vrai portrait. J'étais absolument cela dans ma jeunesse.

On voit que dans cette famille chacun avait sa marque individuelle. Madame d'Azinval avait un cœur excellent, mais elle était un peu vive. Rosalie offrait un modèle de douceur et de bonté, mais en même tems elle était fière. Léonce portait aussi la bonté, jusqu'à l'excès. M. d'Azinval était véritablement aussi un très excellent homme, quoiqu'il eût quelquefois la manie soit de plaisanter d'une manière souvent un peu ironique, soit d'amener quelqu'incident, lorsqu'il discutait avec son épouse, et qu'il voulait mettre fin à la discussion, ce qui provenait également d'un fond de bonté, qui lui défendait de la contredire, attendu qu'il savait que cela lui déplaisait.

Léonce était incapable de résister à un mot dit avec sensibilité, à un serrement de main; ou, quand cela ne suffisait pas, on n'avait qu'à le considérer d'un air fixe et troublé, pour en obtenir tout ce qu'on désirait. Rosalie faisait plus difficilement le sacrifice de son opinion; la force ne pouvait vaincre sa résistance. Une manière froide de lui dire : Je voudrais cela, mon amie, ou, tu me rendrais service de faire pour moi telle ou telle chose; cette manière produisait sur elle le plus grand effet : elle ne refusait alors jamais de faire la chose qu'on lui demandait ainsi; mais cependant on ne savait jamais si c'était avec plaisir ou contre son gré qu'elle se déterminait à l'accorder.

On ne peut rien dire de la jeune Adélaïde, sinon qu'elle amusait beaucoup sa famille par ses petites gentillesses et ses jeux; quoique madame d'Azinval soutint même alors qu'elle était la meilleure de tous, et qu'elle aurait le caractère le plus heureux que l'on eût rencontré. Ce fut Rosalie qui, la première répandit quelque nuage sur la félicité de sa famille. Le hasard lui avait fait faire la connaissance de la fille du Lieutenant de police. Le rapport d'âge et de goût qui se trouvait entr'elles changea bientôt cette connaissance en une tendre amitié. M. d'Azinval n'avait aucune raison de s'opposer à cette liaison. Louise, c'était le nom de la fille du Lieutenant de police, avait des mœurs pures et douces. Comme il savait que l'on ne rencontrait point dans cette maison, cet essaim de jeunes gens qui ont soin de s'insinuer dans toutes les grandes maisons par l'attrait du plaisir qui souvent les y conduit, il permit à Rosalie de voir Louise aussi souvent qu'elle le voudrait.

Au bout de quelque tems, Rosalie, devint plus sérieuse et plus taciturne; elle prit moins d'intérêt aux petits jeux de sa famille et à ses autres amusemens. Elle se mettait à son clavecin, puis tout-à-coup y devenait rêveuse. Il lui arrivait souvent de passer les soirées entières dans sa chambre. Elle se montrait souvent inégale dans son humeur, souvent même pétulante, ce qui ne lui était point ordinaire. Dans d'autres occasions, elle affectait un air plus tendre, plus sensible que celui qu'elle avait coutume d'avoir ordinairement. On n'aurait jamais remarqué tout cela, tant elle faisait d'efforts sur elle-même pour le cacher, mais ses absences plus marquées donnèrent lieu d'y faire plus d'attention. Son père, inquiet de ce changement, en parla à son épouse, qui lui dit qu'elle était dans les mêmes sentimens; qu'elle ne lui en avait fait mystère que par la crainte de lui causer du chagrin; que, l'ayant questionnée un jour, elle lui avait répondu avec un calme affecté qu'elle n'avait rien, et que, pendant quelque tems elle avait paru plus tranquille, sans être rassurée par sa réponse.

Léonce, qu'elle aimait tendrement, ne fut pas plus heureux; elle lui fit la même réponse qu'à sa mère, en ajoutant qu'elle était fâchée de s'entendre renouveler aussi souvent une question dont elle ne savait à quoi attribuer le motif, et qui finirait par la tourmenter encore davantage si l'on continuait à la lui faire de nouveau.

Malgré tous leurs soins, M. et madame d'Azinval, ne purent parvenir à surprendre le secret de leur chère Rosalie. Ils eurent beau attribuer à mille causes différentes le changement qu'ils voyaient en elle, ils se trompèrent toujours. Elle avait effectivement une intrigue amoureuse, mais d'un genre peu ordinaire. C'est précisément à cette époque que commence le roman que j'écris, et je demande pour lui l'indulgence que j'ai déjà éprouvée pour les autres ouvrages que j'ai donnés au public.

CHAPITRE SECOND.

Un jour que Rosalie se trouvait chez le Lieutenant de police de Paris et qu'on venait de se mettre à table, on entendit du bruit à la porte de l'appartement, et la voix d'un homme qui se disputait avec un domestique, et qui voulait absolument entrer malgré lui, parler à son maître, à qui il avait des choses très imposantes à communiquer. Le Lieutenant de police qui avait entendu prononcer son nom plusieurs fois, se leva de table pour savoir ce que cela pouvait être.

A peine eut-il entr'ouvert la porte, qu'un jeune homme, assez mal vêtu, entre précipitamment dans la salle. — Qui êtes-vous, lui demanda le Lieutenant de police? — Je suis, répondit le jeune homme, avec l'accent le plus touchant, un malheureux qui vient vous demander le repos de toute une famille désolée. Mon nom est Dancourt, je suis le fils d'un négociant de Soissons.

— Fort bien, continua le Lieutenant de police; il y a déjà près de trois semaines que vous êtes à Paris, courant toutes les maisons de débauches, les unes après les autres; je vous connais, vous êtes noté sur ma liste, et vous n'auriez pas dû avoir tant d'empressement à vous présenter chez moi ; je crains bien que nous n'ayons fait trop tôt connaissance ensemble........ Que demandez-vous? Parlez, et surtout la plus grande vérité.

Cette inculpation, que les dames entendirent avec horreur, ne fit changer a Dancourt, ni de couleur ni de ton de voix.

— Ce que vous dites est vrai en partie, Monsieur, répondit-il très gravement ; mais je vous supplie de vouloir m'entendre ; je cesserai de vous paraître aussi coupable, quand vous saurez que je n'ai fréquenté ces mauvais lieux, que je ne me suis lié avec ces hommes corrompus que l'on y rencontre, qu'afin de retirer de l'abîme de honte et de douleur où elle est plongée, ma malheureuse sœur, enlevée par une ruse infernale, à mon vieux et respectable père, pour être vendue à un certain marquis de Briant, par une certaine madame Pontonier, rue G......... n.° 430. Ah! peut-être ne nous reste-t-il plus que le malheur qui nous accable!

— Chez madame Pontonier, dites-vous!..... Comment votre sœur s'appelle-t-elle?...... — Marie, répondit Dancourt.

Le Lieutenant de police étant

sorti, pour donner quelques ordres, Dancourt resta pendant ce tems dans l'appartement, auprès de ces dames, qui le regardèrent avec une sorte d'intérêt. Elles firent toutes la remarque qu'il avait une figure distinguée, et que le chagrin qu'on y voyait régner savait encore rendre plus intéressante.

— N'est-il pas vrai, dit Louise, à Rosalie, que tu le crois innocent de tout ce dont on l'accuse? — Assurément, répondit celle-ci. Cet air de candeur et d'innocence n'annonce point un cœur corrompu, et je répondrais presque, sans le connaître, que les rapports contre lui ne sont qu'un nouvel outrage fait au malheur......

Le Lieutenant de police étant rentré, Dancourt fut obligé de raconter ce qui était arrivé à sa sœur. — Marie et moi, continua-t-il d'une voix touchante, sont les deux seuls enfans qu'ait notre père. Ayant eu le malheur de perdre la meilleure des mères, sa tendresse pour nous lui apprit à remplacer celle qui manquait à notre bonheur et au sien. Nous sommes les seuls soutiens de sa vieillesse; oui, sa seule consolation. Notre amour pour lui, des mœurs pures et irréprochables, voilà les seules choses que n'a pu nous ravir l'extrême misère à laquelle nous sommes réduits. Le marquis de Briant, dont je viens de vous parler, ayant rencontré par hasard chez un de mes oncles, curé aux environs de Soissons, ma sœur, qui touche à peine à sa seizième année, et qui joint aux charmes de son âge, tous ceux de la plus rare beauté, en devint épris, et de retour à Soissons, où demeurait ma sœur, il n'y eut point de tantatives qu'il ne fît pour lier connaissance avec elle, et s'introduire dans la maison de mon père. La chose n'était pas facile, car mon père savait que les bontés d'un grand seigneur envers les gens pauvres, sont plus dangereuses souvent que son orgueil. Aussitôt qu'il eut le moindre soupçon des intentions du marquis, il lui fit défendre l'entrée de sa maison, où il avait trouvé le moyen de se présenter deux ou trois fois, sous des prétextes que mon père ne tarda pas à deviner. Le marquis quitta Soissons et mon père regarda la chose comme finie.

Trois mois après, environ, une dame, fort respectable en apparence, par son rang et par son âge, vint, pour affaire supposée, passer quelque tems à Soissons. Sous le masque de la bienfaisance et de la probité, elle trouva moyen de s'introduire un jour chez mon père. La bienveillance qu'elle lui témoigna, l'intérêt qu'elle parut prendre à nos malheurs, finirent par le déterminer à lui confier ma sœur, pour lui servir de demoiselle de compagnie. Il y avait à peine huit jours qu'elle était auprès de cette dame prétendue, qui se faisait passer dans la ville pour une femme de qualité, qu'une affaire majeure, soi-disant, l'obligea de quitter Soissons et de retourner à Paris. Vingt-quatre heures après son départ, mon père reçoit une lettre anonyme, que nous avons supposé avoir été écrite par quelqu'honnête domestique du Marquis, laquelle lettre le prévenait de bien se garder de confier sa fille à madame Pontonier, qui n'était autre chose qu'une entremetteuse de M. le marquis de Briant.

Jusque là Dancourt avait conservé assez de calme pendant son récit; tout-à-coup le feu lui sortit des yeux, une forte rougeur se répandit sur ses joues, et, continuant de parler d'un ton fort animé : — C'est ce rapt, ce vol infâme, dit-il, que je viens vous dénoncer. C'est pour cet abus de confiance, que je viens en appeler à votre justice. On a trompé un vieillard malheureux : on lui a enlevé le seul bonheur qui lui restait, on a séduit une innocente créature.......

— Séduite!.... Juste ciel! s'écria-t-il, en levant au ciel ses mains qu'un linge entortillait...... Je suis le frère de cette infortunée, et je ne tirerais pas vengeance d'un tel outrage !....

Instruit en peu de mots par mon père, du contenu de cette lettre, je quitte à l'instant la maison de mon oncle, où j'étais allé passer quelques jours, et je vole à Soissons. Je vois couler les larmes de mon malheureux père, j'en apprends la cause avec plus de détails; aussitôt je pars pour Paris, afin de voler au secours de ma sœur infortunée, et faire sentir à son infâme séducteur, si déjà elle avait été livrée à son horrible passion.....

Rosalie n'ayant pu retenir ses

larmes, se leva de table, et pour les laisser couler plus à son aise, elle fut se placer dans l'embrasure d'une fenêtre, d'où elle considéra Dancourt sans détacher ses yeux de dessus lui un seul instant.

— Ma première démarche continua-t-il, après s'être remis un peu de son agitation, fut d'aller trouver le marquis de Briant. J'eus beau lui représenter le malheur dans lequel gémissait mon père, les suites affreuses que pouvaient avoir pour ses jours, la douleur amère dont son cœur était abreuvé...... Prières, larmes, tout fut inutile, je n'obtins de ce monstre que de nouvelles injures, que des menaces propres à me convaincre de l'étendue de son crédit, et de l'usage qu'il ne tarderait pas d'en faire pour me ravir ma liberté.

Voyant qu'il ne me restait d'autre moyen pour savoir ce que ma sœur était devenue, que de parcourir, tous les soirs, les mauvais lieux, où tout me faisait soupçonner qu'elle était renfermée, espérant que quelques filles de mauvaise vie pourraient me donner des renseignemens sur cette dame Pontonier, je m'abandonnai parmi ces êtres, l'opprobre de l'espèce humaine. Ma tendresse pour ma sœur l'emportant sur tout ce que la réflexion pouvait m'inspirer sur les suites de ces liaisons, je m'associai aux êtres les plus dissolus que je rencontrai, pour tâcher d'obtenir, par leur moyen, quelques renseignemens sur ma malheureuse sœur. Marie Dancourt leur était inconnue. Il n'y avait que les débordemens du marquis de Briant que chacun d'eux savait et sur lesquels ils ne tarissaient pas.

— Mais comment fîtes-vous pour suffire à toutes les dépenses que ces recherches dûrent vous occasionner? demanda le Lieutenant de police; car toutes ces connaissances avec ces espèces d'hommes et de femmes que vous fréquentiez, étaient fort chères?

— Oui sans doute, reprit Dancourt, et ce ne fut point le peu d'argent que j'emportai de chez mon père qui me suffit pour les payer. Trois jours après mon arrivée à Paris, j'avais déjà dépensé tout ce que j'avais. Me trouvant alors sans ressource, je fus sur le quai, au bord de la Seine, me louer à un bureau de mariniers, en qualité de passeur d'eau. Soit que mon activité ou l'air du malheur intéressât ceux des habitans de Paris qui traversaient la rivière dans mon bateau, je me trouvai, dès le premier jour, assez riche pour faire mes courses du soir, et les continuer à force d'économie, et en ne m'accordant pendant le jour que du pain et de l'eau pour ma nourriture......

A ces mots le Lieutenant de police s'avança vers Dancourt. — Il suffit, lui dit-il, me voilà au fait de tout, et ce qu'on m'a dit de vous cesse d'être une énigme pour moi...... Intéressant jeune homme, ajouta-t-il, en lui prenant la main que Dancourt cherchait à retirer!.... Mais, que vois-je! Vos mains sont couvertes de plaies et toutes sanglantes!

— Cela est vrai, répondit Dancourt, en souriant, c'est la marque des rames que je ne suis pas accoutumé à manier...... Les premiers jours cela m'a causé des douleurs très-vives..... — Et doit vous en causer encore, repartit le Lieutenant de police; puis, l'ayant fait approcher de la lumière : ces linges sont tout trempés de sang qui en découle....... Venez, mesdemoiselles, dit-il à sa fille et à Rosalie, venez, vous ne pouvez panser des plaies plus honorables.

Dancourt voulut s'en défendre; mais la femme du Lieutenant de police lui ordonna d'obéir. Louise prit une main, Rosalie en prit une autre, qu'elles tinrent jusqu'à ce que leur mère eût préparé une compresse dans de l'huile et du vin.

Rosalie, en examinant ces blessures, pour voir l'endroit où il convenait le mieux d'appliquer cette compresse, les arrosa de ses larmes qui coulaient malgré elle avec abondance. Dancourt fit semblant de ne pas le remarquer, mais peu à peu il se tourna de son côté, la fixa avec plus d'attendrissement encore que de reconnaissance. Le ton de sensibilité avec lequel il lui adressa quelques mots de remercîmens, ne servit qu'à augmenter l'espèce d'embarras qu'elle éprouvait déjà et qui la rendit toute tremblante.

Dans le même instant, on entendit quelque bruit dans la pièce voisine. Dancourt, reconnaissant la voix de sa sœur, retira brusquement sa main de celle de Rosalie, et se précipita vers la porte.

— O ciel! s'écria-t-il, c'est elle! Puis, revenant vers Rosalie, et lui prenant la main avec la plus vive émotion, — Comment soutenir sa vue, si je ne dois plus la retrouver aussi pure, aussi vertueuse?......

Dans ce moment, la porte s'ouvre. Marie s'avance dans l'appartement, pâle, tremblante et les yeux à moitié égarés. Elle pouvait à peine marcher, tant était vif le trouble dont elle était agitée. Elle s'approche de la femme du Lieutenant de police. — Secourez-moi, madame, lui dit-elle, en tombant à ses genoux : secourez une infortunée dont le sort doit vous toucher, si vous êtes mère.

La femme du Lieutenant de police l'embrasse en lui disant : — Rassurez-vous, mon enfant, vous êtes en lieu de sûreté ; voici votre frère.

Marie, qui n'avait point aperçu Dancourt, qui se tenait toujours le visage caché avec ses deux mains, dont il avait fait tomber la compresse, le reconnut à sa contenance seule ; — Oui, c'est mon frère, c'est mon cher Théodore, s'écria-t-elle en se relevant et se précipitant vers Dancourt, qui restait immobile, les mains sur son visage.

Marie l'embrasse en poussant un cri de joie. Dancourt, sans ôter ses mains de dessus sa figure, lui demande d'un air tremblant : — O ma chère Marie!..... O providence! qui me la rends, me la rends-tu encore digne de moi, aussi pure et aussi innocente?.... Oui, mon cher Théodore, Marie est encore digne de son vertueux frère. Elle a plus de droits que jamais à toute sa tendresse et à toute son estime, puisqu'elle est malheureuse..... »

Aussitôt Dancourt la serre dans ses bras, et sans rien proférer que les mots suivans, que l'on entendit distinctement au milieu de ses sanglots : — O mon père!....

Chaque spectateur fondait en larmes, et partageait le bonheur que leur faisait éprouver une réunion aussi prompte et aussi inattendue. — Rien ne manque plus à ma joie, dit tout-à-coup Dancourt, que de partir et d'arriver à Soissons.

— C'est un plaisir qu'il faut remettre à demain, mon enfant, repartit le Lieutenant de police, en voulant lui ôter son chapeau, afin de l'empêcher de sortir. — Il n'y a point de demain, répliqua le vertueux Théodore, quand je pense qu'il est en mon pouvoir de rendre mon père heureux vingt-quatre heures plutôt. En prononçant ces mots, il sortit de la salle. Le Lieutenant de police envoya après lui un domestique pour lui offrir un cheval de selle, mais il était déjà disparu.

— Ses pieds ne tarderont pas à être en aussi mauvais état que ses mains, dit Rosalie en soupirant. — C'est la chose qui l'occupe le moins, répondit le Lieutenant de police. — Il paraît que ce vertueux jeune homme ne sait pas ménager son cœur plus que ses mains, quand il s'agit de secourir autrui, et d'obéir aux mouvemens de son ame aimante, sensible et généreuse.

Madame Pontonier était, pendant ce tems, restée dans l'appartement voisin, sans se douter de ce qui allait lui arriver. Le Lieutenant de police, l'ayant fait entrer dans celui où était Marie avec les autres dames, celle-ci jeta, en l'apercevant, un cri affreux qui marquait le sentiment d'horreur que lui inspirait sa présence. Après quelques questions faites à la dame, le Lieutenant de police prononça sur la faute dont elle s'était rendue coupable, et condamna notre respectable madame Pontonier à être renfermée pendant six ans, dans une maison de force, au pain et à l'eau, et par-dessus le marché au travail des mains. J'espère, ajouta-t-il, que cela vous fera du bien.

— Mon cher Monsieur, lui dit madame Pontonier, d'un ton arrogant, vous ignorez donc que le marquis de Briant est mon protecteur?

— Il suffit que vous me fassiez mention de ce Marquis pour que vous passiez deux ans de plus à la maison de force, afin que vous et lui, ayez le tems de faire toutes vos réflexions.... Inspecteur, dit-il à celui qui était allé la chercher, je vous charge de veiller sur cette femme, et d'effectuer demain l'ordre que je viens de donner, de la conduire dans une maison de réclusion, où elle est condamnée pour huit ans..... Tu m'as déjà échappé une fois, sous le nom de la mère Deschamps qu'alors tu portais, tu ne m'échapperas pas une seconde, n'en déplaise à M. le marquis de Briant. S'étant jetée aux genoux de M. le Lieutenant de police : Retires-toi, infâme, dit-il avec indignation, si tu oses souiller plus long-tems cet appartement de ton odieuse présence, tu subiras dix années de réclusion, au lieu de huit, auxquelles j'ai bien voulu, par grâce, te condamner. Madame Pontonier sentant bien que sa résistance ne ferait qu'accroître sa juste punition, se releva et sortit.

Chacun aussitôt environna la belle Marie, afin de lui faire raconter sa triste aventure, qu'elle interrompit à chaque instant, pour parler de son père et de son vertueux frère. Elle paraissait s'oublier elle-même, pour ne parler que de ces deux personnes qui intéressaient vivement son cœur. Le Lieutenant de police ne négligea rien pour la tranquilliser sur la santé de son père. Louise et sa mère la conduisirent dans un appartement voisin du leur, afin de lui laisser prendre le repos dont elle paraissait avoir le plus grand besoin, après les scènes différentes qui venaient de se passer et qui lui avaient causé la plus vive agitation.

CHAPITRE TROISIÈME.

Le lendemain Louise et Rosalie allèrent à la promenade avec Marie, afin de la dissiper. Ce fut là qu'elle s'entretint plus amplement qu'elle ne l'avait encore fait, de sa famille, et qu'elle leur apprit, entre autres choses, que son frère était destiné à l'état ecclésiastique. Il n'a pas un grand désir d'y entrer, avec l'air du plus vif intérêt; mais cela devient nécessaire par plusieurs considérations particulières auxquelles notre peu de fortune ajoute un nouveau poids. Mon père craint bien qu'avec sa sensibilité, il ne soit pas très-heureux dans son état.

— Un jeune homme aussi aimable et aussi intéressant se faire ecclésiastique, dit Louise, c'est bien dommage!

— Ajoutez, reprit Marie, un être aussi aimant, aussi simple, aussi occupé de tout ce qui peut contribuer au bonheur de ses parens..... Croyez que je me suis souvent opposée de toutes mes forces à un tel projet; mais lorsque je lui fais quelques représentations à ce sujet, il me prend la main, me considère de la manière la plus tendre et la plus affectueuse, en me disant que c'est un parti pris; qu'il ne veut plus balancer un instant ses intérêts contre ceux de sa famille; qu'il est doux pour lui de penser que ce léger sacrifice doit assurer l'existence, le repos et la tranquillité de son vieux père; qu'il veut à tout prix lui prouver toute sa tendresse et sa reconnaissance, et lui faire oublier ses nombreux malheurs....

Rosalie ne prit aucune part à cette conversation, elle n'était occupée que du triste sort qui attendait Dancourt. Elle eut donné volontiers la moitié de ce qu'elle possédait pour le rendre heureux. Ah!

quel époux, disait-elle très-souvent, quel père de famille perdu pour la société!....... Son image lui était présente sans cessc. Sans cesse elle le voyait présent devant elle avec ses mains saignantes et couvertes des durillons produits par la rame qu'il avait agitée.

Rien ne réussit plus sûrement à plaire à une jeune personne, à émouvoir son cœur, que le souvenir d'une action héroïque, qui demande de la force, de la résolution, et une abnégation entière de soi-même.

Au bout de quelques jours, Dancourt revint à Paris avec son père, pour emmener Marie. Le Lieutenant de police, qui savait aimer et respecter la vertu partout où elle s'offrait à ses yeux, voulut jouir quelque tems de la vue d'une famille qui lui en présentait le modèle le plus vrai et le plus touchant. Il engagea le père et le fils à rester chez lui. Jamais scène ne fut plus attendrissante que celle qui se passa entre Marie et son père. Ce fut alors seulement que celui-ci apprit tout ce que Théodore avait fait pour sa sœur. Il était assis entre ses deux enfans, quand le Lieutenant de police lui raconta tout ce qu'il savait de notre passeur d'eau, de l'effet des rames..... Le père jeta aussitôt un regard de satisfaction sur les mains de son fils; Marie en saisit une, qu'elle baisa à plusieurs reprises; Rosalie eut bien de la peine à ne pas imiter son exemple, tant elle était pénétrée d'admiration pour Dancourt, qui, dans l'embarras où il se trouvait, en remarquant que tous les yeux étaient fixés sur lui, sauta au cou de son père qu'il serra étroitement dans ses bras.

A la grande satisfaction de Rosalie, le jeune Dancourt resta à Paris, auprès du Lieutenant de police, qui se l'attacha en qualité de secrétaire. Un jour que l'on jouait chez lui à quelques jeux de société, Rosalie, qui se trouvait placée à côté de ce jeune homme, fut obligée de lui donner la main pour faire quelques pas avec lui, et acquitter quelques unes de ces pénitences qui sont imposées à ceux des joueurs auxquels appartient le gage touché qu'il a été obligé de donner d'abord pour quelques fautes contre les règles du jeu. Elle sentit que les durillons occasionnés par les rames n'étaient pas encore dissipés. Elle eût pu s'en apercevoir en différentes circonstances, mais elle n'osait porter ses regards sur ces mains qui lui rappelaient des souvenirs si touchans, et qui répandaient dans son cœur un trouble involontaire qu'il lui était impossible de réprimer. Il lui sembla qu'il était beaucoup moins dangereux de s'en apercevoir par le toucher que par les yeux, mais la suite lui prouva le contraire. Elle serra malgré elle la main de Dancourt qui la regarda avec le plus grand sérieux. Elle se mit à rougir et sentit qu'il l'avait devinée. Dancourt ne cessa, pendant toute la soirée, d'avoir les yeux attachés sur elle ; elle ne fit pas un mouvement qu'il ne le remarquât et ne le suivît avec l'air du plus vif et du plus tendre intérêt.

Rosalie, qui comptait revenir avec plusieurs dames, et surtout avec une de ses tantes qui avait promis de la reconduire, avait renvoyé la voiture de son père. Cette tante, ayant voulu, au retour, faire une visite à une de ses parentes qui était malade, et qui demeurait dans un quartier opposé, pria Dancourt de vouloir accompagner Rosalie chez elle. Quand elle fut dans la voiture avec lui, elle sentit redoubler son embarras, et demeura presque muette. Dancourt parla aussi fort peu et toujours par monosyllabes. Arrivés à la maison, il descendit pour donner la main à Rosalie et l'aider à descendre. A peine lui eut-elle touché la sienne, qu'il la baisa fort adroitement, sans proférer une seule parole, et regagna la voiture sur le refus que fit Rosalie de se laisser accompagner plus long-tems.

Toute indifférente que fût cette action de Dancourt, elle ne laissa pas que de causer la plus vive émotion à Rosalie, et cela, joint à toutes les petites circonstances précédentes, l'empêcha de fermer l'œil toute la nuit.....

Le lendemain on fit partie d'aller par eau à la maison de campagne du Lieutenant de police. Toutes les personnes qui avaient été des jeux de la veille, furent invitées à se trouver, à une heure convenue, à un endroit désigné du port sur la Seine, au lieu de l'embarquement.

Rosalie s'y rendit avec un battement de cœur qui redoubla quand il fallut monter dans le canot que l'on avait choisi pour ce voyage. Dancourt, étant venu s'asseoir auprès d'elle sur le dernier banc, elle s'amusa à regarder quelques objets sur les bords de la rivière, et à parler de choses indifférentes pour cacher le trouble et l'embarras que la présence de Dancourt lui causait. Celui-ci en fit autant de son côté, et ils ne se dirent tous les deux autre chose, sinon qu'il faisait le plus beau tems du monde, qu'il était infiniment agréable de voyager sur l'eau; en un mot, ils épuisèrent ces lieux communs auxquels on est dans l'usage de recourir, quand on se sent embarrassé et mal à son aise.

— Mon cher Dancourt, dit alors Louise, nous venons de décider que chaque cavalicr ramerait pour sa dame. Ces Messieurs ne veulent pas y consentir; je suis bien sûr que vous serez plus galant, et que vous ne vous y refuserez pas pour mademoiselle Rosalie. Vous entendez bien le métier, et vous savez que c'est une dette que vous avez à acquitter envers une amie, à dater du jour où nous avons fait votre connaissance. Placés là tous deux sur le derrière du canot, il ne vous est guère possible de fournir beaucoup à la conversation, mais il dépend de vous de nous aider à avancer plus vite.

Chaque mot de Louise causa une nouvelle palpitation à Rosalie: — Ah! répondit Dancourt, en prenant aussitôt la rame, si j'étais assez heureux pour m'acquitter à ce prix, ces mains, en présentant les siennes à Rosalie, qui avait les yeux baissés, oui, ces mains, continua-t-il en baissant la voix et du ton le plus affectueux, auraient beau saigner éternellement... Et il se mit à ramer de toutes ses forces.

Rosalie n'osa jamais le prier de

discontinuer. — Reposez-vous, lui dit-elle à la fin, voyant qu'il se disposait à reprendre la rame qu'il avait quittée un instant; ayant alongé la main pour la retenir, Dancourt la saisit avec transport en la regardant : — Non, s'écria-t-il, avec sensibilité, en la portant vers sa bouche, non, je n'oublierai de ma vie la main qui a pansé mes blessures, et qui les a couvertes du baume salutaire de ses larmes. Il ne put s'empêcher de rougir en prononçant ces mots, et il leva les yeux au ciel.

La main de Rosalie, qu'il avait cessé un moment de serrer, s'échappa de la sienne, sans que personne s'en aperçût, et ils reprirent l'un et l'autre leur même place.

Quand tout le monde fut arrivé à la maison de campagne, la question fut de savoir comment on emploierait la journée. Louise, qui s'était chargée en partie de faire les honneurs, n'eut rien de plus pressé que de consulter chacun sur ce qui pourrait lui devenir agréable. On se mit d'abord à causer; mais bientôt on se vit forcé de recourir à d'autres moyens pour changer la monotonie de la conversation qui paraissait languir, et qui annonçait le désir que chacun avait de faire quelque chose qui amenât plus de mouvement et de gaîté. Louise enfin proposa d'aller se promener dans le parc.

En traversant le jardin potager, on rencontra une fontaine dont on admira la limpidité des eaux. On s'empara des arrosoirs qui se trouvaient auprès, l'on se poursuivit, en se jetant tout l'eau qu'ils contenaient. On vint ensuite les remplir à la fontaine et on les vida sur le premier qui se présentait à la rencontre de ceux qui s'en étaient saisis. Après maintes aspersions, on fut trouver les ouvriers auxquels on fit des agaceries, et que l'on força à quitter leur ouvrage.

Après le dîner, qui fut assez gai,

et où chacun parla des événemens de la promenade, on joua des proverbes, où chaque acteur improvisa de son mieux tout ce qu'il put croire être capable de faire naître la joie et animer la gaîté. Malgré cela l'ennui trouva moyen de se faire sentir.

— Savez-vous, Messieurs, dit Louise, qui revenait de faire une visite à la femme du jardinier, que nous célébrons ici aujourd'hui l'anniversaire d'une naissance; que l'Amour a consacré ce jour, dans la chaumière du jardinier, à une petite fête à laquelle je suis d'avis que nous prenions part, pour mieux remplir nos momens.

Il y a un an qu'à pareil jour la jardinière a eu le bonheur d'être mère d'un garçon, et le mari leur a donné à chacun un bouquet ce matin....

Cette nouvelle ramena aussitôt la gaîté. Chacun fut d'avis d'aller en procession complimenter le jeune garçon et de lui faire quelques petits présens. Des larmes de joie coulèrent des yeux de la mère, quand elle entendit les jolis complimens qui lui furent adressés, et le son des écus que l'on déposait sur le berceau de l'enfant qui dormait, vint retentir à ses oreilles.

Une idée en fit naître une autre. — Il faut, dit quelqu'un de la compagnie, emporter avec nous le héros de la fête et faire quelque chose en son honneur : Aussitôt le berceau fut enlevé et porté en triomphe sous un quinconce de hauts platanes qui se trouvait à quelque distance de là. La mère, parée de ses plus beaux habits, suivit le cortège, enchantée des honneurs que l'on rendait à son fils. Bientôt on décida de lui adresser un discours, et ce fut Dancourt qne l'on choisit à l'unanimité, pour remplir cette auguste cérémonie.

Le berceau, placé au milieu du cercle, et entouré de tous les auditeurs, rangés autour, Dancourt prit la parole et dit : — Mes chers et très - aimables auditeurs, voici le héros de notre fête. C'est par le sommeil le plus doux, symbole du bonheur qui accompagne et embellit l'innocence, qu'il célèbre l'anniversaire du jour où il reçut la lumière. Quand je considère cet enfant et que je tourne ensuite mes réflexions sur nous-même, il me semble voir dans ce berceau le trône du plaisir; dans les lisières et le hochet, l'image de la dépendance et de la folie auxquelles l'homme est assujetti pendant le cours de cette vie fugitive et passagère. A peine cet enfant a-t-il reçu le jour, qu'il a été accueilli avec transport par son père, et replacé aussitôt sur le sein de sa mère, pour ne point nuire à la tranquillité nécessaire à sa fragile existence. Voilà le cours de sa vie commencé. Quand nos espérances seront un jour évanouies, ainsi que nos plaisirs, que nous aurons achetés par bien des peines, des langueurs et des soucis, nos enfans nous placeront de même dans le cercueil, qui est le second berceau de la vie de l'homme, et autour duquel siégent la douleur et la tristesse, où des cris plaintifs et l'abandon le plus entier remplacent pour jamais ces marques d'intérêt, ces chants d'allégresse qu'on lui prodigua à son entrée dans le monde. Du sein de sa mère, passer dans les bras de la mort, voilà sa destinée, voilà le terme de sa vie. Tout ce qui en remplit l'espace, n'est qu'un rêve pénible et fatigant, que l'éclat rapide et fugitif d'un rayon de soleil qui éclaire, en s'enfuyant, des collines et des vallées ombragées par de sombres nuages..... Oui, pauvre enfant, continua l'orateur, en prenant un ton grave et sérieux, oui, je désire que rien ne trouble la durée de ce sommeil calme et paisible. Ton ame est encore étrangère à toutes ces impressions. Le bonheur et l'adversité n'y ont point encore sillonné leurs traits. Tu pleures, tu cries quelquefois, mais les cris, les larmes que la nature t'apprend à répandre, lors même que le vrai mal est encore loin de toi, ne sont pas l'expression de la véritable douleur. Ils ne sont que le prélude de celles que tu dois répandre un jour. Car, quelque rians que puissent être les plaisirs qui doivent luire pour toi dans le monde, où tu es entré, la main du malheur pourra peut-être un jour peser sur toi, ainsi que sur tant d'autres qui n'ont connu dans la vie que les larmes, le deuil et les noirs chagrins..... Ton cœur, à l'aurore de ta jeunesse, battra pour t'annoncer l'existence de l'amour et de l'amitié, si méconnus aujourd'hui sur la terre. Les roses du plaisir qu'aura fait éclore ce sentiment seront étouffées par le froid pénétrant des convenances.... Ah! ne presse point alors ta poitrine brûlante contre celle d'un être fait pour en sentir les palpitations. Le tems qui met entre vous la main glaciale de la mort, aura trop tôt engourdi ton sein et celui de l'être qui t'intéresse.... Tu te feras, en ramant, des durillons aux mains, des plaies au cœur, et personne ne viendra répandre des larmes de sensibilité, pour calmer ta douleur déchirante... Et quand bien même ajouta, d'un ton plus animé, l'orateur, qui était resté quelque tems sans parler, les yeux fixés sur Rosalie, quand bien même tu rencontrerais une ame sensible, qui arroserait de ses larmes les blessures de ton cœur, ne seras-tu pas obligé de détourner tes regards, de réprimer les élans de ta reconnaissance pour ces marques d'intérêt, de t'éloigner avec des blessures encore plus profondes, et de fuir dans un lieu qui est le dernier écueil de la vie de l'homme.... Dans le tombeau?

A ces mots, Dancourt s'arrêta d'un air triste et pensif. Le plus profond silence régnait parmi ses auditeurs, qui se levèrent alternativement, et s'en allèrent, chacun de leur côté, se promener dans le parc.

Dancourt, s'étant aussi retiré dans un bosquet, Rosalie resta seule assise sous les platanes, toute occupée du discours qu'elle venait d'entendre, et des effets qu'il avait produits sur son cœur attendri.

Au bout de quelques minutes, elle se leva, et s'approcha lentement du berceau. Dans ce moment, l'enfant ayant ouvert les yeux, et s'étant mis à lui sourire : non, dit-elle, en donnant un libre cours à ses larmes, et en lui prenant ses deux petites mains, — Non, tu ne seras point obligé de réprimer les élans de ton cœur et de te retirer avec des blessures encore plus profondes (elle pensait alors à Dancourt). Je veux te presser contre mon cœur affligé, contre ce cœur trop sensible pour éprouver jamais le moindre attiédissement.....

Aussitôt elle prit entre ses bras ce jeune enfant qu'elle arrosa de ses larmes, et qu'elle serra tendrement contre son sein, en s'avançant vers le bosquet où Dancourt s'était retiré.

Loin d'être surprise de sa rencontre, elle le regarda en souriant. Dancourt, tout interdit, la regarda également, et ne détacha ses yeux des siens, que pour les porter sur ce jeune enfant, auquel il prodigua les plus tendres caresses. Il fut impossible alors à Rosalie de douter qu'il ne l'eût entendue; remarquant avec quel intérêt il s'occupait de l'enfant, avec quel empressement il s'inclinait vers lui pour couvrir de baisers chacun de ses membres qu'il supposait avoir été touché par Rosalie : elle souleva sa main tremblante, qu'elle lui présenta, et que Dancourt saisit en la portant contre son cœur où il la tint serrée fortement pendant quelques instans. Il ne la quitta qu'après avoir aperçu la femme du jardinier qui venait chercher son enfant qu'elle avait été obligée de quitter un moment, pour répondre à Louise qui avait quelques ordres à lui donner pour son mari, qu'elle cherchait en vain depuis quelque tems. Cette femme, ayant repris son fils des mains de Rosalie, le remit dans le berceau que Dancourt voulut absolument l'aider à reporter chez elle.

Rosalie retourna sous les platanes. Son ame était remplie du plus doux attendrissement ; et il lui sembla qu'elle devenait pour ce jeune homme intéressant, ce rayon salutaire et bienfaisant dont il venait de parler dans son discours, et qui dissipait le triste et sombre nuage répandu sur sa vie. Elle se croyait avoir atteint le but le plus flatteur pour l'homme sur la terre, celui de partager les peines d'un être sensible et vertueux. Toute remplie du sublime sentiment de ce noble orgueil, elle prenait plaisir à confondre son cœur et son ame avec l'ame et le cœur du malheureux Dancourt.

C'était encore trop peu pour ce qu'elle éprouvait. Voulant avoir des témoins de son amour et de ses sermens, elle s'avança vers l'endroit le plus éclairé par les derniers rayons du soleil couchant, qui perçaient à travers les platanes; ses yeux étaient aussi brillans que l'astre qu'elle contemplait. Avec un doux sourire qui était l'image des sentimens qui l'animaient, elle s'écria : — Viens, infortuné, viens appuyer ton ame brûlante contre celle de ta Rosalie ; viens, la main glaciale de la mort ne se placera point entre nous ; tout mon être est à toi, tu n'es plus seul sur la terre. Je suis à toi, à toi pour jamais, sensible et vertueux Dancourt !

A ces mots, son ame parut s'agrandir encore davantage. Ensevelie dans ses méditations, elle descendit lentement et machinalement le long de l'allée du bosquet. Parvenue à l'extrémité du parc, elle découvrit tout-à-coup devant elle, le disque rouge et brillant de la lune, et cette mer flottante de rayons lumineux. Elle reconnut l'endroit où elle était. Au même instant parut Dancourt, causant d'un air très-grave avec un des jeunes gens de la société qu'il venait de rencontrer. Rosalie, les ayant salués l'un et l'autre, fut se placer à côté de Dancourt qui cessa aussitôt de parler.

— Eh bien, lui dit le jeune Mersan, pourquoi discontinuer notre entretien? Je suis persuadé que mademoiselle Rosalie sera charmée d'y prendre part.

Dancourt garda le silence aussi bien que Rosalie; mais après avoir soupiré plusieurs fois, il continua :

— Vous avez raison, ce globe ne parait formé que de débris d'une destruction générale : on trouve partout au milieu des richesses qu'offre cette riante plaine que vous voyez devant vous, des vestiges de tremblemens de terre, de volcans, de débordemens, de ruines ; mais ce que vous voulez inférer de là, répugne à mon cœur et à mon esprit. Dites-moi, je vous prie, comment la nature pourrait-elle m'avoir donné une ame dont la manière de sentir et de penser serait en contradiction avec les lois qu'elle a établies ? Comment ce cœur qu'elle fait palpiter, qui, pour soutenir ses plus douces espérances, et concevoir les conditions auxquelles il existe, est forcé d'admettre un principe d'amour éternel, dont toutes les choses sacrées portent l'empreinte ; qui trouve son bonheur, non dans ce monde physique, mais dans le monde moral vers lequel il doit tendre; comment, dis-je, [illegible] cœur pourrait-il n'être que l'image d'une cause purement mécanique? Les ténèbres peuvent-elles produire la lumière? La glace peut-elle procurer la chaleur par qui tout se vivifie? La mort peut-elle enfin produire la vie? Des poulies, des cordes, des roues, des leviers, des machines, si parfaite qu'en soit la construction, tout cela peut-il produire une seule pensée, un seul désir? Un arrangement, une combinaison mécanique, d'aussi loin qu'on en fasse remonter l'existence, peut-elle faire mouvoir un fil, un seul point de notre nature morale? Ne faut-il pas rapporter cela à un auteur éternel qui a formé le cœur de tous les êtres, pour devenir capable de le sentir? Non, une larme, qui échappe à tout homme sensible, une sensation qui fait palpiter mon cœur, deviendra pour moi la preuve de l'existence de l'amour aussitôt que je pourrai lier l'effet avec la cause. Il prononça ces mots avec la plus vive émotion.

— Mais toutes les marques de ces anciennes ruines, repartit le jeune Mersan, ne parlent point du tout en faveur de cet amour éternel, que vous placez au-dessus de tout ce qui existe dans la nature.

— Il me semble que tout prouve le contraire, répondit Dancourt. Le globe de la terre, encore enseveli dans cette masse informe, voguait dans le vague de l'air. Il n'était habité par aucun être sensible. Ce fut là que la main créatrice de cet amour éternel alla le prendre pour débrouiller le mélange confus et l'animer par sa puissance. Ne voyez-vous pas au milieu de ces eaux vagabondes, dans les tourbillons de flammes, dans les volcans qui bouillonnent et qui soulèvent la terre, au milieu de ce torrent affreux de dévastation, l'amour, comme un génie protecteur, planant sur cette destruction générale, étendant la main et présentant à l'homme son enfant chéri, un asile agréable et sûr? Peut-on reconnaître aucun des signes de la haine dans la conduite d'un père qui détruit une maison sombre et inhabitable, pour bâtir, avec les débris, un joli palais pour son fils bien aimé?......

— Mais, dit Mersan, en l'interrompant, vous oubliez que toutes les histoires du monde qui a existé avant le nôtre, placent ces destructions, ces débordemens et toutes les horribles convulsions de la nature, dans un tems où l'homme existait déjà; or, un tendre père en agit-il ainsi? Est-il possible de prendre cela pour de l'amour?

— Assurément, repartit Dancourt, en levant les yeux vers le ciel..... l'Asie, le berceau de l'espèce humaine, ces hautes montagnes offraient à l'homme une retraite sûre. Ce fut là que ce père tendre et prévoyant, le conduisit; ce fut là qu'il créa un Eden, le jardin le plus délicieux de toute la terre, ce fut là que le Pesang (1), produisit en abondance pour son usage, les fruits les plus doux et les plus salutaires, et que le Pagodier (espèce de figuier ou catalpa dont les feuilles larges et épaisses forment un abri contre les rayons brûlans du soleil, et qui croît facilement dans l'Inde et autres contrées de l'Asie), forma de ses rameaux touffus, un abri bienfaisant, sous lequel il pouvait se retirer au besoin. Les campagnes

(1) C'est le nom que l'on donne, au cap de Bonne-Espérance, à un arbre qui produit des figues, qui viennent de l'île de Java, lesquelles sont exquises au goût, et de la plus grande beauté.

étaient encore recouvertes d'un brouillard pestilentiel. Les élémens étaient dans une sorte de travail effrayant par la destruction qu'ils allaient subir. Tout allait être replongé dans le chaos. Le Déluge respecta le cercle enchanté dans lequel l'homme se trouvait renfermé. A mesure qu'il fit quelques pas dans cette partie du globe, la tempête cessa de mugir, la flamme de dévorer; les mers se renfermèrent dans leurs lits, les progrès de la destruction s'arrêtèrent à chaque instant, et cette partie du monde où la création fut plus tardive et où peut-être elle n'est pas encore achevée, l'Amérique finit à la fin par avoir ses habitans. Que prouve tout cela, sinon que l'Eternel est économe de son tems et qu'il n'a répandu ses bénédictions sur la terre, qu'à mesure que l'homme s'y est propagé.

— Mais enfin, répliqua Mersan, toutes ces monstrueuses dévastations ne se sont pas fait sentir seulement dans les déserts sauvages; on trouve dans toutes les annales des tems qui nous ont précédés, le récit de ces tristes événemens.

— D'accord, mais le tems de ces grandes révolutions physiques, est arrivé dans l'enfance de l'espèce humaine. Les hommes alors éprouvèrent moins que nous le besoin de croire à un amour éternel, qui s'étend sur tout ce qui existe : ils avaient des Dieux tels qu'il leur en fallait. Ces révolutions ne pouvaient les rendre malheureux que momentanément, au lieu que, si elles s'opéraient de nos jours, chez nous qui, pour être soutenus dans la pratique de la vertu, avons le besoin de croire à un créateur, à une cause première de toutes choses, elles nous réduiraient, sans ressource, au plus grand désespoir. Eh! que deviendrais-je, grand Dieu! si je ne croyais à un amour éternel?.... Si je n'étais rempli et animé de ce doux sentiment, aurais-je la possibilité de serrer mon semblable entre mes bras?

L'enthousiasme qui le transportait, l'empêchant de faire attention à tout ce qui l'environnait, il passa son bras autour du corps de Rosalie; pourrais-je, continua-t-il, presser mon cœur contre celui d'aucun autre et répandre sur son sein ces larmes que la douleur ou le plaisir fait couler? Pourrais-je dire à cette personne intéressante, que je l'aime pour toujours?..... Oui, pour toujours, s'il n'existait point au-dessus de nous un être qui sût bénir un aussi tendre amour?...

Que l'on se figure l'état de Rosalie, que l'on pense à tout ce qu'elle dût éprouver dans un moment où son ame agitée était encore remplie de ces idées de destruction, de flammes dévorantes, de mers en fureur, de provinces englouties!...

C'est lorsque son imagination est échauffée, et se repaît, si je puis parler ainsi, du tableau que Dancourt vient de lui offrir, avec tout le feu d'une élocution facile, avec le ton de voix doux et sensible comme celui de l'amour éternel dont il parle; c'est, dis-je, quand elle est totalement livrée à toutes ces pensées, qu'elle se sent serrée entre ses bras, et pressée contre sa poitrine. Elle crut sentir la terre trembler sous ses pieds, tout son sang circulait avec force. La lune, qui s'avançait sur l'horizon, se réfléta dans les larmes prêtes à s'échapper de ses yeux. Elle ne put s'empêcher de serrer Dancourt dans ses bras, d'arroser son front de ses larmes, et de couvrir de baisers ses joues brûlantes.

— Non, non, se dit-elle, d'un ton qui ne s'accordait nullement avec l'agitation de son cœur, nous ne pouvons périr; l'amour éternel nous soutient.....

Dans le moment on entendit plusieurs cors de chasse dont le bruit partait des bosquets. Rosalie et Dancourt se séparent, se considèrent l'un et l'autre avec une sorte d'étonnement, regardent de tous côtés autour d'eux, pour reconnaître l'endroit où ils sont, et ne paraissent pas peu surpris de se trouver encore sur la terre, au bord de la Seine. S'apercevant alors que Mersan les avait quittés pour s'approcher de ceux qui donnaient du cor, ils s'avancent le long du fleuve, tous les deux, à côté l'un de l'autre, et sans proférer une seule parole.

Rosalie, encore préoccupée du tendre serment qu'elle avait fait, prit avec confiance Dancourt par la main, sans cependant oser le regarder. De son côté, il marchait près d'elle les yeux baissés et dans le plus profond silence.

— Ah! pardonnez, mademoiselle Rosalie, lui dit-il, à la fin, au moment où ils entraient dans l'allée qui conduisait au berceau formé par les platanes, je m'aperçois que j'extravague, que j'oublie toutes les mesures de réserve et de circonspection dont un jeune homme ne doit jamais s'écarter avec une jeune personne de votre âge et de votre sexe. Oui, daignez me pardonner toutes mes folies, et ne me traitez que comme un insensé dont il faut se moquer.

Dancourt était alors sous le berceau de platanes, à travers le feuillage desquelles on apercevait la belle étoile de la constellation de la lyre. C'était là que Rosalie avait dit, un instant auparavant, qu'elle voulait presser son cœur contre le sien; c'était là qu'elle avait désiré pouvoir lui dire à lui-même, qu'elle était à lui pour toujours..... Ce que venait de lui dire Dancourt la jeta dans une sorte de stupeur, et lui causa un frisonnement général qui la glaça. En considérant cette étoile brillante, il lui sembla entendre une voix qui partait du haut des platanes, et qui lui disait de ne point presser son cœur brûlant contre la poitrine de ce jeune homme; que le tems devait placer entr'elle et lui la main glaciale de la mort.....

Rien ne cause plus d'embarras que de se voir en face d'un homme indifférent et flegmatique, auquel on ne peut communiquer la chaleur du sentiment qu'il inspire. Rosalie se repentit alors de ce qu'elle avait fait, et des tendres baisers qu'elle avait si facilement accordés. Elle eût presque juré sous ce même berceau, de le haïr, tant les affections des hommes sont faciles à changer. Ils s'avancèrent aussitôt vers le château, pour rejoindre la compagnie.

A peine y furent-ils rendus, qu'il arriva une calèche pour les dames qui craignaient le serein, et qui ne voulaient point s'en retourner par eau. Je vais en voiture, dit Rosalie, avec vivacité, lorsqu'elle entendit Dancourt dire qu'il retournerait en canot, comme il était venu. Je craindrais, ajouta-t-elle, d'un ton ironique, d'attraper là une fraîcheur..... Elle eût continué ce persifflage, si elle n'eût entendu Dancourt pousser un profond soupir et baisser les yeux. Ce soupir, qu'elle entendit, pensa la faire changer de résolution. Mais enfin, on partit pour revenir à Paris.

CHAPITRE QUATRIÈME.

Lorsque Rosalie fut rentrée chez elle et qu'elle fut seule, elle repassa dans son esprit tous les événemens du jour, sans en omettre les moindres circonstances. S'étant approchée d'une des croisées et ayant aperçu la constellation de la lyre, elle la prit de nouveau à témoin des tendres sentimens qu'elle éprouvait pour Dancourt, et des sermens qu'elle lui avait fait dans le moment où elle considérait cette même étoile à travers la voûte des platanes.

Elle trouva bientôt le moyen de s'expliquer l'indifférence que ce jeune homme lui avait montrée, il était destiné à l'état ecclésiastique; il était fils d'un négociant, elle, la fille d'un gentilhomme; c'était là, selon elle, la cause de sa froideur; et tout ce qu'il avait pu faire ou dire n'en parut alors que plus sublime et plus héroïque aux yeux de Rosalie. Je vois qu'il est moins pénible, s'écria-t-elle avec douleur, de renoncer à son amante, qu'il ne l'est de ramer pour une sœur!... Et de plus, continua-t-elle, ne m'a-t-il pas fait entendre assez clairement, dans le discours qu'il a adressé à l'enfant du jardinier, *que les roses du plaisir et de l'amour étaient étouffées par le froid glacial des convenances?*

Cependant, malgré toute l'indifférence de Dancourt, elle sentit, en se rendant compte de nouveau des sentimens qu'elle avait conçus pour lui, qu'elle deviendrait encore assez généreuse pour excuser, quand elle le verrait, la conduite qu'il avait cru devoir tenir envers elle. Tout ce qu'elle lui avait dit, lui parut tenir à une pureté d'ame, à une délicatesse qui ne servait encore qu'à augmenter la confiance qu'elle lui avait inspirée. Ne trouvant pas toutefois que ces considérations fussent suffisantes pour la décider à lui faire l'aveu de tout ce qu'elle éprouvait pour lui, elle resta plusieurs jours sans aller chez le Lieutenant de police. Elle n'y alla que la semaine suivante, et d'après les invitations réitérées de Louise, qui lui écrivit qu'elle l'attendait sans faute pour le jour qu'elle lui fixait, afin de présider à des jeux de société, auxquels tout le monde trouvait qu'elle manquait. Elle se rendit donc chez son amie, où se trouvait ce jour là une grande compagnie. Elle entra dans le salon en rougissant. Dancourt ne put s'empêcher de rougir de son côté en la voyant, et son air d'embarras n'échappa point à Rosalie. Quelque fut la certitude qu'elle venait d'acquérir qu'il l'aimait, d'après l'attention qu'il apporta à l'observer, elle ne sentit pas plus pour cela renaître sa confiance en lui. Etant venue se placer à table, autour de laquelle tout le monde était rangé, et ayant passé en face et auprès de Dancourt, elle eut le courage, malgré l'émotion intérieure qu'elle éprouvait, de détourner la tête pour dire en riant une plaisanterie à son voisin, sans faire semblant de l'apercevoir ni de faire aucune attention à lui. Elle s'observa avec le plus grand soin dans tout ce qu'elle dit pendant le reste de la soirée. Il fut question d'une nouvelle partie à la maison de campagne. Elle reçut l'invitation de Louise, sans dire un seul mot et avec un serrement de cœur qu'il lui eût été difficile de lui cacher, si elle eût causé assez de temps avec elle pour pouvoir le remarquer.

La partie eut lieu. Rosalie qui sentit bien que cette circonstance ne manquerait pas d'amener le dénouement qu'elle désirait et craignait tout à la fois, était décidée à ne point en être. Cependant, au jour marqué, elle s'habilla avec plus de soin et de recherche qu'à l'ordinaire, et partit avec les autres dames pour la campagne.

Dancourt n'y était pas quand elle arriva. Déjà il était près de trois heures de l'après-midi, et il n'avait pas encore paru. Rosalie ne sachant que penser d'un tel retard, et n'osant en demander le motif à personne, prit le parti d'aller sur la colline qui dominait sur la route de Paris, pour voir si elle ne le découvrirait pas dans le lointain. Elle y resta près d'une heure, allant et venant, et regardant toujours du côté où elle savait que Dancourt devait arriver. Au moment où elle désespérait le plus de le voir et où elle était prête à quitter la colline, elle aperçut un homme qui arrivait à grands pas et qui courait plutôt qu'il ne marchait. Au bout de cinq minutes elle reconnut Dancourt, qui tantôt s'arrêtait et tantôt rebroussait chemin, et puis revenait en avant, indécis sur ce qu'il devait faire, et s'il continuerait ou non sa route. Rosalie, voyant qu'il s'était arrêté plusieurs fois dans l'avenue qui conduisait au château, et qu'il ne marchait que lentement, descendit la colline et courut vers la maison du jardinier, devant laquelle il devait nécessairement passer.

A peine Dancourt eut-il passé la grille, qu'elle se mit à rire aux éclats d'une chose assez simple que le jardinier venait de dire: jolie réception à faire à un homme à qui l'on veut prouver que l'on n'a rien de plus pressé que d'aller à sa rencontre aussitôt qu'on l'a aperçu. Puis, lui faisant une légère révérence, elle continua de causer avec la jardinière, en le suivant des yeux. Dancourt s'étant avancé vers le château, par un sentier détourné, elle le perdit bientôt de vue. Elle passa près d'une heure avec la jardinière, tout en se reprochant son irrésolution; elle y fût restée bien plus long-tems encore, si Louise ne fût venue la chercher. Elle lui apprit, chemin faisant, que Dancourt était arrivé, mais qu'il paraissait avoir beaucoup d'humeur.

Rentrée au château, elle fit à peine semblant de l'apercevoir. Dancourt, de son côté, ne mit aucun empressement à lui adresser la parole, et chacun d'eux fit réciproquement tout ce qui était en son pouvoir pour se tourmenter. Rosalie parla avec une jeune personne dont elle s'empara, de sa couturière, de sa blanchisseuse de dentelles, avec une apathie dont rien ne put la faire départir. Dancourt, de son côté, raconta à quelques jeunes gens, avec lesquels il engagea à dessein la conversation, plusieurs histoires fort gaies qui les firent beaucoup rire; il chanta plusieurs rondes et fut, en apparence, de la plus grande gaîté du monde.

Il appela la lune, qui se levait précisément dans ce tems là, et qui donnait sur les croisées de l'appartement où l'on était rassemblé, *la lanterne de papier huilé d'un mendiant.* Il fit mille autres mauvaises plaisanteries sur toutes les constellations que l'on pouvait découvrir dans cet espace de l'horizon, et égaya singulièrement tous les jeunes gens de la société, aux dépens de cette belle soirée.

Ce fut une des choses qui touchèrent le plus le cœur de Rosalie, et qui provoquèrent de nouveau toute sa sensibilité. Elle ne se pardonna pas de s'être trompée sur son compte. Elle fut choquée de voir un jeune homme, à qui elle avait accordé tant de délicatesse et tant d'élévation d'ame, à qui elle avait entendu dire, il y avait peu de jours, des choses si touchantes sur la beauté de l'harmonie qui règne dans le ciel, en parler alors avec tant de mépris et de dérision. Elle se leva brusquement, et alla se promener dans le parterre. Au bout de quelques minutes, elle se trouva sur les bords de la Seine, dans le même endroit où Dancourt l'avait serrée dans ses bras : elle se rappela tout ce qu'il lui avait dit, et ce souvenir ne servit qu'à exciter encore davantage sa sensibilité; mais plus ce qu'elle éprouva fut vif, plus ses idées sur le compte de Dancourt devinrent sombres et tristes. C'est ainsi que la couleur azurée du ciel prend une teinte plus rembrunie, en proportion de l'élévation de celui qui le contemple et l'observe. Affligée de penser que ce jeune homme fût à double face et aussi peu vrai que le sont la plupart de ceux de son âge, que l'on rencontre dans le grand monde, elle fut tristement s'asseoir sur un banc isolé dans un des bosquets voisins.

Il y avait à peine cinq minutes

qu'elle y était ensevelie dans ses méditations, que Dancourt s'avança vers le même endroit, les bras croisés et d'un air pensif, et s'assit le dos tourné vers elle, dans la même place qu'elle venait de quitter. Rosalie, entendant du bruit, écarta avec précaution les larges feuilles de platanes qui lui cachaient la vue.....

— C'est ici, dans ce même endroit, dit Dancourt, à demi-voix, que je fus heureux pendant quelques instans !.... L'agitation dans laquelle il était, ne lui permettant pas de continuer, il se tût; puis il reprit tout-à-coup : Oui, pendant quelques instans !...... à cette même place!.... Je ne m'étais pas flatté d'un tel bonheur!....... Oui, ce fut en cet endroit, ajouta-t-il d'un ton élevé et fort ému, à la face du ciel, qui n'admet, pour les cœurs sensibles aucune différence de rang et de condition.....

Dancourt, entendit appeler dans cet instant, où êtes-vous?..... Aussitôt il sauta dans le canot attaché sur les bords de la rivière, le poussa avec force, et en quatre coups de rames, il se trouva à l'autre rive, dans la prairie qui s'étendait le long de la Seine.

Rosalie venait d'acquérir de nouveau la certitude qu'elle était aimée, et qu'il n'y avait que la différence de rang et de condition qui les séparât. — Ah! mon cher Dancourt, s'écria-t-elle, en sortant du bosquet, et en cherchant, à la faveur du clair de lune, à distinguer ce qu'il faisait de l'autre côté du fleuve, peux-tu concevoir de pareilles craintes? Non, ce n'est point une telle barrière qui pourra jamais séparer nos cœurs?

Réfléchissant aussitôt sur les moyens qu'elle pourrait employer pour lever un tel obstacle: — Non, rien n'est plus facile, ajouta-t-elle; s'il a pu ramer pour sa sœur, que ne sera-t-il pas capable de faire pour moi? Apercevant Dancourt qui regagnait l'endroit d'où il était parti dans le canot, elle l'appelle et le prie de vouloir la prendre dans sa barque, et la conduire du côté du parterre. Dancourt s'approchant du rivage, et lui tendant la main, l'aide à descendre dans le canot, la fait placer à côté de lui, s'abandonne au courant, et ne fait usage des rames que pour s'arrêter dans l'endroit où Rosalie désirait aborder.

Ce fut là qu'elle eut occasion de remarquer combien il est pénible de ramer. Rosalie ne dit point un mot pendant quelques heures. Dancourt parla avec une gaîté feinte, de la beauté de la soirée. Il ne lui échappa aucune remarque sur son sort, pas un seul soupir, pas une allusion qui pût donner lieu à Rosalie de lui ouvrir son cœur et de l'entretenir de tout ce qu'elle éprouvait. Ayant éloigné la barque de cette douce obscurité que formait l'ombre des bosquets, il la dirigea du côté qui se trouvait éclairé par les rayons de la lune. Rosalie trouva que cette brillante clarté n'était nullement propre à encourager le désir qu'elle avait de l'entretenir avec confiance de tout ce qui l'occupait. Elle se borna à lui faire quelques légers reproches sur les plaisanteries qu'il avait faites avec les jeunes gens dont j'ai déjà parlé. Dancourt lui baisa tendrement la main, puis, l'aidant à descendre du canot, pour rejoindre la compagnie, qui se trouvait à leur descente, à l'entrée du parterre, il la quitta, en la laissant plus indécise que jamais sur les moyens qu'elle avait à prendre pour en venir avec lui à une explication à laquelle tout semblait lui ôter l'espoir de prétendre. En effet, ils se quittèrent encore cette fois, sans avoir pu en trouver le moment favorable. Rosalie lui parla deux ou trois fois chez le Lieutenant de police, où elle le rencontra dans les visites qu'elle fit à son amie Louise; mais il lui paraissait plus calme et n'avait plus l'air de s'occuper d'elle. Si elle n'eût pas eu occasion de remarquer qu'il se faisait violence quand il la voyait, si Louise ne lui eût pas affirmé que Dancourt avait un fond de chagrin qu'il voulait cacher, Rosalie eut dû croire qu'il l'avait oubliée, ou plutôt qu'il ne l'avait jamais aimée. Ce ne fut que par la manière dont il la regardait quelquefois, qu'elle crut pouvoir juger du degré d'intérêt qu'elle lui inspirait et du plaisir que son cœur trouvait à s'occuper d'elle.

Il arriva vers ce tems un événement qui fit grand bruit dans Paris, et qui attira sur Dancourt les yeux de la moitié de la capitale. Il n'était guère possible que Rosalie s'y montrât indifférente. Un jour que ce jeune homme allait à la maison du Lieutenant de police, il rencontra sur la route un homme dont le visage pâle et défait attira son attention. Cet homme était arrêté sur le bord de la Seine, d'un air pensif, et gesticulant comme s'il se fût entretenu de quelque grand projet, avec lui-même. La pensée vint à Dancourt que peut-être ce malheureux avait l'intention de se jeter dans la rivière. Il retourna sur ses pas, et s'approchant de lui, il voit des larmes abondantes s'échapper de ses yeux.

— Vous êtes là bien près de

l'eau, mon ami, lui dit Dancourt, la rive n'est pas très sûre, à en juger par les divers éboulemens de terre qui arrivent à chaque instant dans cet endroit.

L'étranger le regarde de côté, d'un air sombre; puis, s'approchant encore plus près de l'eau : — Que me voulez-vous, lui dit-il, d'une voix rauque? Il me plaît de rester ici.

Dancourt, encore plus ému par cette réponse, qui annonçait le plus vif désespoir, lui présente affectueusement la main, en lui disant avec sensibilité : — Quelle suite de malheurs peut, avec cet air de fermeté et de courage que je remarque sur votre figure, vous conduire ainsi à faire une chose à laquelle le seul désespoir peut décider?...... Vous n'êtes point abandonné, puisque vous voyez un homme qui vous tend une main secourable....

— Cette main, reprit l'inconnu avec un sourire amer, ne m'offre point l'argent dont j'ai besoin....... — Recevez le peu que contient ma bourse, répondit Dancourt, mais permettez-moi aussi, Monsieur, de vous assurer que mon cœur me parle pour vous. — Quoi! une aumône! s'écria-t-il, en hésitant de prendre la bourse de Dancourt, et en s'éloignant de lui d'un air sombre. — De grâce, luidit

Dancourt, en lui saisissant la main et en lui parlant d'un ton fait pour exciter la confiance, n'ajoutez point à la peine que me cause votre profonde affliction, celle d'un refus qui me priverait du plaisir le plus vrai, le plus doux que j'aie encore goûté de ma vie. Croyez que s'il m'est possible de faire pour vous quelque chose de plus !... — Quelque chose de plus! Ah! est-il possible d'ajouter à un bienfait qui va rendre la vie à cinq enfans et à leur pauvre mère aveugle, qui dans ce moment, peut-être, expirent tous de douleur et de misère?.... Que le ciel écrase le Ministre.!.... qui m'a conduit sur le bord de l'abîme où j'étais prêt à m'ensevelir.... — Mais, qui êtes-vous? Quel est votre nom, et qu'avez-vous à démêler avec le Ministre?..... Aussitôt cet infortuné acheva de lui raconter son histoire. Ce n'est plus lorsque tout Paris a connu son nom, que je dois le taire.

Il s'appelait Guindenière. Il avait été capitaine au régiment de Metz infanterie. Par suite des longues années qu'il avait passées au service, et particulièrement dans la guerre d'Amérique, contre les Anglais, il était devenu invalide et dans l'impossibilité de servir plus long-tems. Croyant avoir des droits à la pension de retraite que lui avaient mérité ses longs et utiles services, il s'était rendu à Paris, dans l'espoir de l'obtenir; mais il ne tarda pas à voir qu'il n'avait rien à espérer du Ministre chez lequel il s'était présenté en vain pendant plusieurs mois de suite. — On ne vous oubliera pas, M. le Capitaine, lui disait-il, chaque fois qu'il se présentait à son audience, soyez tranquille, on ne vous oubliera pas. C'était toujours avec cette réponse désespérante qu'il venait trouver sa famille plongée dans la plus extrême misère. Le pauvre capitaine, ayant mangé le peu qu'il possédait, se trouva réduit pour vivre, à vendre ses habits et son linge. Sa femme, qui avait pris le métier de couturière, travaillait tout le jour et une partie de la nuit, ce qui ne tarda pas à lui échauffer les yeux. Le Capitaine, faute de pouvoir payer un médecin, s'était adressé à un charlatan qui, à force de remèdes, fit perdre la vue à cette infortunée mère de famille.

A mesure que le Capitaine voyait augmenter sa misère, ses sollicitations auprès du Ministre devenaient plus pressantes; il en obtenait toujours la même réponse, de rester tranquille, qu'on ne l'oublierait pas, comme s'il ne fallait penser aux malheureux que lorsque la misère et la douleur ont desséché la source de leurs larmes. Ah! gardons-nous bien de dire jamais à celui qui vient implorer notre assistance : attends jusqu'à demain ou jusqu'à ce soir. Pourquoi faut-il qu'il souffre une heure, quand on peut le soulager sur-le-champ? N'en est-il pas du bonheur comme d'un beau jour de printems, où l'on est faché de voir le moindre nuage obscurcir le ciel un instant?

Le brave et malheureux officier eut beau représenter au Ministre qu'il était réduit au désespoir, lui et toute sa famille, par l'affreuse misère dans laquelle il gémissait, il n'en obtenait jamais que ces mots : — Il faut avoir patience, je vous plains, M. le Capitaine, mais encore une fois, il faut prendre patience.

— Sans doute, je puis encore attendre, Monseigneur, répondit amèrement ce malheureux, un jour qu'il était à l'audience de ce Ministre, mais je vous prie de penser que je ne puis supporter les besoins pressans de la faim, tout au plus qu'autant que votre Excellence pourrait les supporter elle-même.

— M. le Capitaine, lui répondit le Ministre, en le toisant depuis les pieds jusqu'à la tête, vous prenez là un ton..... — Un ton qui est vrai, Monseigneur, vous ne m'oublierez pas : vous me l'avez dit si souvent, que je n'ai pas le droit d'en douter; mais avec de telles promesses, vous me laissez mourir de faim. — Mais aussi, pourquoi avez-vous une famille, répartit le Ministre en fronçant le sourcil ? — Pourquoi ? Parce que je suis homme comme votre Excellence, et comme le Prince pour qui j'ai usé ma santé et ma vie ; parce que j'ai reçu de la nature un cœur et des entrailles pour cette famille malheureuse que vous me reprochez d'aimer ; parce qu'avec les blessures dont je suis couvert, et qui m'ont mis hors d'état de gagner du pain, j'ai le droit d'en demander *pour moi et pour mes enfans*, au Prince que j'ai servi. Quand j'ai été commandé pour marcher à l'ennemi, je n'ai point dit ce que je ne cesse de m'entendre répéter à votre audience depuis un an : L'ennemi peut encore attendre, je ne l'oublierai point. On prodigue dans un dîner, avec des filles d'opéra, des sommes qui me suffiraient pendant un an avec ma famille.....

Le Ministre ne put s'empêcher de rougir. Il avait précisément pour maîtresse une danseuse de l'opéra. Le pauvre Capitaine, qui ne se doutait pas que ce qu'il venait de dire eût pu s'adresser au Ministre, en fut convaincu le lendemain, en se trouvant consigné chez le suisse de l'hôtel de Monseigneur, et congédié pour toujours. La misère dans laquelle il était tombé plus profondément depuis ce jour, l'avait conduit sur les bords de la Seine, dont le retira Dancourt, ou plutôt la main de la Providence. Telle fut l'histoire qu'il lui raconta chemin faisant, et en revenant chez lui apporter à sa malheureuse famille les secours offerts si généreusement par le vertueux Dancourt.

Celui-ci trouva que la misère du

Capitaine était encore plus grande qu'il ne l'avait cru, et tout ce dont il fut témoin, en entrant dans le galetas où il fut conduit, et qui servait d'asile à cette malheureuse famille, ne fit qu'ajouter, d'une manière déchirante, à l'idée qu'il s'en était formée.

— Voici du secours, dit le Capitaine à sa femme, qui était tristement assise par terre, au fond du galetas, à côté de ses plus jeunes enfans : voici un ange consolateur descendu du ciel, que je t'amène. — Ah ! puisses-tu dire la vérité, mon ami, lui répondit-elle, en lui tendant la main, et en serrant dans ses bras les deux enfans qui étaient auprès d'elle, et que la présence d'un inconnu avait paru intimider un instant.... Les autres étant accourus près de leur père, lui présentèrent une vieille chaise de bois, sur laquelle ils le firent asseoir. Soit que l'affreuse résolution que ce malheureux avait prise d'ensevelir son désespoir dans les eaux de la Seine, eût fait trop d'impression sur toute sa personne, soit que sa santé, déjà fort ébranlée par la douleur et le chagrin, ne pût y résister plus long-temps, la pâleur de son visage augmenta tout-à-coup, et il se trouva tellement épuisé que Dancourt fut obligé de le soutenir pour le conduire à une mauvaise paillasse étendue par terre, dans un des coins de ce grenier, et sur laquelle il tomba sans force et presqu'évanoui.

Dancourt, trouvant que sa fièvre était des plus fortes, crut qu'il ne devait perdre aucun instant pour lui procurer les remèdes qu'il jugea convenables à son état. Après quelques mots de consolation, adressés vaguement à cette malheureuse famille, dont la situation lui déchirait le cœur, il demanda au Capitaine la permission de le quitter, en lui promettant de revenir aussitôt qu'il lui serait possible.

— Ah! dit la pauvre femme aveugle, d'une voix tremblante, en lui tendant la main, si vous ne reveniez pas, si vous nous abandonniez, Monsieur, j'aimerais mieux n'avoir reçu aucun secours de vous..... On est moins malheureux de n'avoir plus d'espérance, que de se voir abusé et déçu dans la dernière que l'on a pu concevoir....... Pardonnez, continua-t-elle, en lui serrant la main affectueusement, si je vous rends aussi peu justice..... Mais est-il encore permis de croire à la bienfaisance, quand on est ainsi délaissé? Je vous en supplie, Monsieur, n'abandonnez point mon vertueux mari.....

— Je vous le jure, madame, lui répondit Dancourt, et en lui baisant la main avec la plus vive émotion, je vous le jure.

— Promettez aussi à cette jeune et intéressante créature, en lui présentant le plus jeune de ses enfans, de ne la point abandonner.

— Je vous le promets, madame, je prends à témoin le ciel qui sait tout, que je reviendrai vous voir..... Et dussé-je reprendre pour vous ma rame..... Non, vous n'éprouverez plus désormais les horreurs de la faim. Regardez-moi comme votre fils : soyez pour jamais ma mère..... Un fils peut-il abandonner celle dont il a reçu le jour?.... A ces mots il la quitta brusquement, ému jusqu'aux larmes du spectacle dont il venait d'être témoin.

Rentré chez lui, il fut trouver le Lieutenant de police, auquel il peignit en traits de feu la profonde misère de cette malheureuse famille. Celui-ci en parut extrêmement touché; cependant Dancourt ne put jamais le déterminer à se charger de recommander le Capitaine au Ministre. On rencontre mille personnes bienfaisantes, contre une assez courageuse pour s'arrêter à des considérations humaines. Le Lieutenant de police jeta six louis sur la table, et dit en secouant la tête et en rougissant : — D'après ce que vous venez de me dire du démêlé du Capitaine avec le Ministre, je vois que c'est un homme perdu sans ressource. Il m'est impossible de me charger de lui parler en sa faveur, je l'essayerais en vain; le Ministre ne pardonne jamais à ceux dont il croit avoir reçu quelqu'offense de ce genre, et si j'ai un conseil à vous donner, c'est de ne point vous mêler, avec aussi peu de réserve que vous désirez le faire, de tout ce qui regarde ce Capitaine. J'ai des mesures à garder avec le Ministre par rapport à vous.

Dancourt, mécontent de la honteuse indifférence du Lieutenant de police, fronça le sourcil et fut sur le point de refuser les six louis, qu'il n'accepta qu'en pensant qu'ils étaient pour cette famille indigente à qui il avait procuré de nouveaux secours.

A peine Dancourt eut-il quitté le Lieutenant de police qu'il s'empressa d'aller trouver cette malheureuse famille. Entièrement occupé de ce qu'il pourrait faire pour elle, il eût désiré pouvoir lui-même fournir à ses besoins, et les privations n'eussent point coûté à son cœur sensible et vertueux, mais les appointemens de sa place étaient si peu de chose, et tous ses moyens avaient été épuisés par le don qu'il venait de faire au Capitaine, du peu d'argent qui se trouvait dans sa bourse, et qui était tout ce qu'il avait pour le moment. Il se flatta bien d'obtenir encore quelque chose du Lieutenant de police, dont il connaissait la générosité; mais cela ne pouvait suffire à la longue, pour les nourrir, se disait-il en s'acheminant; je veux moi-même faire une tentative auprès du Ministre : si dur, si peu compatissant qu'on le suppose, il est homme, il sera touché de la misère dans laquelle il ne se doute pas qu'est cette malheureuse famille.

Il trouva le Capitaine encore plus souffrant et plus accablé qu'il ne l'avait laissé. Il remit les six louis, et proposa ensuite à madame Guindénière d'aller le lendemain chez le Ministre, avec tous ses enfans. Elle y consentit, quelque fût la peine qu'elle éprouvât intérieurement de faire connaître à tout Paris la misère dans laquelle elle gémissait. Je crois qu'elle dut son courage à l'état de cécité où elle se trouvait; car elle eût difficilement celui de faire une pareille démarche avec ses cinq enfans, dans l'état de pauvreté et de misère où ils se trouvaient tous.

On employa tout une journée à

faire quelques petits préparatifs pour cette destination, et le lendemain, vers les dix heures, car à dix heures et demie il était trop tard, le Ministre ne donnait plus d'audience, Dancourt se mit en marche avec toute la famille, portant entre ses bras le plus jeune des enfans, âgé de deux ans. La femme aveugle suivait lentement avec les autres, qui marchaient devant et à côté d'elle, conduite par sa fille aînée qui pouvait avoir onze ans.

Un jeune homme bien vêtu, conduisant une femme aveugle et fondant en larmes, portant un enfant, et escorté par quatre autres couverts de haillons, devant et autour de lui, tout cela formait un spectacle très-extraordinaire. Tous les passans s'arrêtèrent dans la rue, pour regarder la marche de la troupe qui s'avançait à petits pas, dans le plus profond silence, et sans paraître faire la moindre attention à tout ce qui se passait autour d'elle. Quelques personnes charitables tirèrent de l'argent de leur poche, n'attendant pour donner que le moment où quelqu'un de la bande leur demandât, n'osant rien offrir, à cause de Dancourt, dont le costume élégant semblait devoir un instant arrêter l'élan de leur cœur. Chacun se demandait ce que cela pouvait être, et personne n'en savait rien. Beaucoup d'oisifs et de curieux suivaient, mais de loin, par respect pour la troupe qui offrait en effet quelque chose d'imposant et de respectable dans sa marche. On arriva à tems chez le Ministre, et Dancourt fut se placer avec tous ces infortunés dans la salle voisine de l'anti-chambre par où le Ministre devait passer.

Environ un quart d'heure après qu'ils furent placés, parut le Ministre, passant devant Dancourt qui tenait toujours la femme aveugle par la main, et qui était environné par les cinq enfans. Il traversa la pièce où étaient rangés en haie tous ceux qui se rendaient à son audience, en regardant à droite et à gauche, pour recueillir les différentes demandes des personnes qui lui adressaient la parole; mais comme aucun de la troupe, d'après le plan de Dancourt, ne devait parler qu'autant qu'il ferait le premier quelque question, on se retira, et toute la famille fut reconduite en silence dans sa demeure par le même chemin qu'elle était venue.

Tout le monde, et particulièrement tous ceux qui habitaient le voisinage du Ministre, étaient aux fenêtres, pour voir cette marche singulière, s'informant à droite et à gauche quelles personnes ce pouvait être, et sans trouver quelqu'un qui pût satisfaire la curiosité générale.

CHAPITRE CINQUIÈME.

Le lendemain, à la même heure, on reprit la même route que la veille pour se rendre à l'hôtel du Ministre. La curiosité se réveilla, on s'adressa à Dancourt pour lui demander ce que c'était que cette femme aveugle. — C'est une mère malheureuse, répondit-il, sans rien ajouter de plus. Arrivés dans la salle d'audience, ils reprirent tous à peu près la même place que la veille. Dancourt, qui s'était attendu que le Ministre, touché de ce spectacle, demanderait quels étaient ces malheureux, ne fut pas peu étonné de le voir les regarder avec indifférence, et traverser la salle sans leur faire la moindre question. Il commença alors à croire, avec le Capitaine, qu'il n'y avait aucun secours à espérer de ce côté. Si demain, dit Dancourt, il passe devant nous avec cette indifférence et cette insensibilité, je lui adresse la parole.

— Et s'il vous refuse, dit le Capitaine?... — Serait-il assez barbare, assez inhumain?... — Mais encore une fois, s'il en était capable?...... — Alors, reprit Dancourt avec chaleur, je vais me placer avec votre femme et vos enfans à la porte de l'hôtel de cet homme insensible et demander à tout Paris, des secours pour la famille d'un respectable officier invalide... Oui, j'en aurai le courage, et j'espère obtenir de l'humanité du plus simple citoyen ce que je sollicite en vain, depuis deux jours, de la justice d'un Ministre aussi peu compatissant et aussi injuste.

Toute la famille s'étant présentée de nouveau à l'audience du Ministre, il daigna cette fois demander ce que c'était que cette femme aveugle et les enfans qui l'accompagnaient. — C'est, lui répondit Dancourt, une famille plongée dans la plus affreuse misère, qui compte sur les secours de votre Excellence. C'est la femme aveugle du capitaine Guindenière, qui expire, peut être dans ce moment, de douleur et de besoin. Ce sont ses cinq enfans qui vous demandent du pain. — Et vous, demanda le Ministre, en fronçant le sourcil, qui êtes-vous ? — L'ami de ces infortunés, Dancourt, secrétaire du Lieutenant de police. — Je ne puis rien faire dans ce moment pour votre Capitaine, et quand je voudrai le voir, lui ou quelqu'un de sa famille, je le lui ferai dire. Aussitôt le Ministre sortit de la salle d'audience.

Dancourt, indigné d'une pareille réponse, et tout pâle de colère, embrassa madame Guindenière, en s'écriant : — Homme barbare !... Ils ne seront point délaissés..... Venez, famille infortunée, je saurai achever pour vous ce que j'ai commencé... Prenant la femme aveugle par la main, il sortit avec une agitation difficile à exprimer.

Il se trouvait à la porte de l'hôtel du Ministre une foule de curieux qui attendaient la sortie de la femme aveugle, de ses enfans et de leur conducteur. Dancourt se plaçant devant l'hôtel du Ministre, pria un des voisins de lui prêter une chaise pour la femme aveugle.

Chacun lui demandant ce que c'était que cette femme ainsi que les enfans qui l'accompagnaient. — C'est, répondit gravement Dancourt, dont le sang s'était un peu calmé, la famille d'un malheureux officier qui meurt de faim, et à qui le Ministre a refusé la pension. — Et vous, Monsieur, demanda quelqu'un, qui êtes-vous ? — Un homme à qui le hasard a procuré la connaissance de ces infortunés, un homme bien décidé à faire tout pour soulager leur misère..... A ces mots, chacun s'empresse de leur offrir de l'argent, et chaque personne qui passe, et qui fait des questions sur ce rassemblement, n'attend pas la fin de la réponse pour donner, selon ses moyens, à cette famille indigente, dont la vue seule excite la compassion générale.

Au bout de deux heures environ, le Ministre rentra chez lui, il vit en passant la femme aveugle et Dancourt établis devant la porte du ministère, avec ses cinq enfans. Au moment où il descendait de voiture, Dancourt dit à haute voix à quelques personnes qui passaient : — *Secourez la pauvre femme aveugle, d'un brave officier qui meurt de faim, et à qui le Ministre a refusé la pension...* Le Ministre étant entré chez lui, et s'étant mis aux écoutes, dans l'embrasure d'une fenêtre qui donnait sur la rue, entendit Dancourt répéter la même chose à une vingtaine de personnes de tout état, qui passaient.

On ne s'est donc pas présenté chez le Ministre, disaient la plupart des passans, en montrant l'hôtel du Ministère de la guerre? — Pendant une année entière, répondit Dancourt; et je sors moi-même de son audience, avec toute cette famille, sans avoir pu obtenir le moindre secours. Cette femme est aveugle, le mari malade, et les pauvres enfans meurent de faim; le Ministre dit qu'ils n'ont qu'à attendre..... Vers midi, Dancourt se retira avec la famille. Le lendemain tout Paris lut dans une affiche publique et qui fut distribuée partout, le détail suivant, intitulé: Trait sublime d'humanité.

Dans la rue de...... .. devant l'hôtel du Ministère de la guerre, On voit tous les matins, avec ses cinq enfans, la femme aveugle d'un brave officier malade par suite de ses services et de ses blessures. Un jeune homme bien né, sensible à leur détresse, donne à tout Paris l'exemple de la vertu la plus sublime. Il demande la charité aux passans pour cette malheureuse famille, qui ne peut obtenir aucune pension. Puisse le ciel conduire beaucoup de riches charitables devant l'hôtel du Ministère de la guerre!

L'affiche fit du bruit, on accourut en foule de tous les côtés dans la rue de..........., tout Paris fut dans l'enchantement, et du jeune homme et du trait de vertu qu'on lui attribuait. On admira la patience de cette malheureuse femme aveugle, et l'on fut charmé de la naïveté de ses pauvres enfans.

Au bout de quelques jours, on ne revit plus cette famille, ni devant la porte de l'hôtel du Ministère de la guerre, ni dans aucun autre endroit. Dans l'incertitude où l'on était de ce qu'elle était devenue, les uns disaient qu'on l'avait mise à la Bastille, d'autres ne regardaient tout cela que comme une filouterie d'un nouveau genre. Ce n'était ni l'un ni l'autre. Le Ministre, choqué de ce qui se passait en sa présence, et plus encore des détails avec lesquels Dancourt racontait cette histoire à ceux qui la lui demandaient, avait enfin accordé une modique pension au Capitaine, qui, dès ce moment, resta tranquille chez lui, entouré de toute sa famille.

Cet événement fit sur Rosalie beaucoup plus d'effet que sur toute autre personne. Elle entendit parler de la femme aveugle, et son frère Léonce, qui était venu la voir, lui raconta avec l'enthousiasme le plus vif, tout ce dont il avait été témoin. Le lendemain, Rosalie prit son voile, et fut dans la rue de....... qui n'était pas très-éloignée de son quartier. S'étant mêlée dans la foule, elle parvint à voir la famille dont on parlait tant. — A qui donne-t-on? demanda-t-elle à une personne qui se trouvait auprès d'elle? A ce vertueux jeune homme, lui répondit-on, en lui montrant Dancourt. Rosalie, l'ayant reconnu, ne put s'empêcher de rougir et de pâlir tour-à-tour. Elle présenta son écu tout en tremblant, et sans avoir la force de le jeter dans le chapeau que tenait Dancourt, qui lui dit en le recevant : — Vous ne sauriez croire combien ils sont malheureux.

Il fut impossible à Rosalie de rien répondre. En laissant tomber son écu dans le chapeau, elle ôta de son doigt une bague d'or, qu'elle y jeta adroitement; puis, faisant signe de la main à Dancourt qu'elle n'avait rien de plus, elle considéra un instant, avec l'air de l'attendrissement le plus vif, la femme aveugle et ses enfans, en leur disant : Je vous plains de tout mon cœur.

— Ah! répondit celle-ci : j'étais malheureuse, mais j'ai cessé de l'être, ajouta-t-elle en se tournant avec sensibilité du côté où elle entendait la voix de Dancourt, grâces à cet intéressant et vertueux jeune homme.... — Je le reconnais bien là, répondit Rosalie, en le regardant avec un tendre sourire; puis aussitôt elle s'en revint chez elle en versant, pendant toute la route, des larmes dont le charme était si doux pour son cœur.

Elle ne savait pas encore tous les détails de cet événement; et cependant ce dont elle venait d'être témoin avait produit sur son âme l'impression la plus forte et la plus vive. Etant allée le surlendemain, faire une visite à son amie Louise, chez laquelle se trouvait en ce moment beaucoup de monde : — Savez-vous, mademoiselle Rosalie, quel est ce jeune homme si généreux, si sensible de la rue de......? On dit que c'est Dancourt, et nous l'attendons avec la plus vive impatience pour savoir.... — Assurément c'est lui, répond Rosalie, car je l'ai vu de mes propres yeux, au milieu de cette famille indigente.

Dans le même instant Dancourt entre dans l'appartement, et se voit entouré par toutes les personnes de la société, qui se lèvent et s'empressent d'aller au-devant de lui. Le Lieutenant de police lui prenant affectueusement la main : — Vous avez eu le courage, mon cher Dancourt, lui dit-il, de prendre la rame pour délivrer votre sœur ; vous avez eu celui de demander l'aumône pour une malheureuse famille que vous avez consolée. Puisse le ciel faire maintenant, pour votre bonheur tout ce que vous avez fait pour le bonheur des autres! Racontez, je vous prie, cette histoire touchante à ces dames, qui brûlent d'impatience de la savoir de vous-même, afin d'être assurées de tout ce qu'elles en savent déjà?

Dancourt rougit: mais, cédant aux prières de toute la société, il raconta tout ce que le lecteur sait sur cette intéressante famille. — Je viens, à l'instant, dit-il, de la conduire jusqu'à la barrière. Ils sont tous parfaitement heureux. Le Capitaine a obtenu une pension modique, mais qui suffira à ses besoins ; et sa femme, grâce à l'habileté du fameux oculiste G...... a recouvré la vue. Ah! s'écria-t-il, avec un transport de joie et du ton le plus sensible, ce spectacle m'a fait éprouver le plaisir le plus vrai que j'aie jamais goûté de ma vie. En revenant de chez le Ministre avec cette femme aveugle et ses enfans que j'ai conduits plusieurs fois de suite à ses audiences pour solliciter la pension qu'il refusait au Capitaine, nous rencontrâmes en chemin un oculiste que je ne connaissais point, et qui vint à nous, en me faisant signe de la main de garder le silence. S'étant approché de la femme aveugle, et ayant examiné promptement ses yeux, il me dit tout bas de lui faire raconter, chemin faisant, comme elle avait perdu la vue. Le lui ayant demandé et nous l'ayant appris, le Chirurgien examina de nouveau les yeux, et prouva, par l'air de satisfaction qui brilla sur son visage, qu'il n'était pas sans espoir de la guérir. Il marcha avec nous dans le plus grand silence, nous suivit dans le galetas où demeurait cette famille, et, tout en regardant ses yeux, tira de sa poche ses instrumens, en lui disant, avec un ton d'assurance et de sensibilité : Madame, si je ne puis goûter le bonheur de faire pour vous autant que toutes les personnes bienfaisantes que vous avez si vivement intéressées, permettez-moi de jouir de celui de vous rendre la vue, et placez-vous un moment sur cette chaise.

L'ayant fait asseoir, il commence l'opération, et dans l'espace de cinq minutes il lui enlève la taie blanche qu'elle avait sur les yeux. Ce fut aussi dans ce moment que la Providence vint dissiper le nuage épais qui planait sur toute cette famille infortunée. Un commis apporta, pendant l'opération, l'assurance d'une pension pour le Capitaine. Pendant qu'il lisait le brevet qui venait de lui être expédié, Béni soit le ciel qui a eu pitié de moi! Je vous revois encore une fois, mes bons amis, s'écria la femme en étendant les bras, et ne sachant quel était celui de tous ceux qui l'environnaient qu'elle devait le premier presser sur son cœur, tout palpitant de joie et de reconnaissance.

—Quoi! tu as recouvré la vue, s'écria le Capitaine, en se levant pour se jeter dans les bras de sa femme, qui s'était avancée vers la fenêtre, pour jouir avec reconnaissance, de la clarté du ciel dont elle était privée depuis si longtems. Tournant ensuite ses yeux sur son mari et ses enfans, dont la vue lui causa la plus vive émotion, et regardant autour de la chambre: O mes amis, s'écria-t-elle en pleurant, dans quel état affreux vous êtes réduits; et je n'ai pu voir cette affreuse misère!.... L'indigence attestée par tout ce qui s'offrait à ses yeux, était bien faite pour l'affliger. Elle jouissait encore d'une certaine aisance au moment où elle avait perdu la vue, et tout ce qui l'environnait ne lui présentait que le spectacle affligeant de la plus grande pauvreté.

Les yeux baignés de larmes, elle me regarda, puis le Médecin, et demanda en sanglotant : Lequel de vous est Dancourt? Le voilà, répondit un des enfans, en me montrant et en me faisant mille caresses.... Non, je n'oublierai de ma vie la manière pleine de reconnaissance, d'enchantement et de sensibilité avec laquelle cette pauvre femme me regarda. Bien assurée que je savais lire dans ses yeux tout ce qui se passait dans son cœur, elle ne m'adressa pas une parole, mais, se tournant vers le Médecin, Je vous remercie Monsieur, lui dit-elle, le service que vous me rendez est inappréciable. J'ai le bonheur de voir Dancourt... Elle me regarda de nouveau et se mit à pleurer.... — Je voudrais que le Ministre fût ici, ajouta l'obligeant oculiste, pour juger du bonheur que l'on goûte en faisant le bien. — Ne l'accusez plus, répondit le Capitaine, en montrant le brevet qu'il venait de recevoir, et qu'il lut tout entier avec la plus grande satisfaction, ne l'accusez plus... — Ah! quel moment intéressant, ajouta Dancourt, non jamais je ne serai aussi heureux que je le fus alors du bonheur de cette famille sensible et reconnaissante.

Le contentement et la joie ayant ranimé les forces du Capitaine, qui se trouvait déjà mieux depuis quelques jours, il se décida sur-le-champ à quitter Paris. Ce fut là l'affaire de quelques heures, de leur procurer les vêtemens dont ils avaient besoin pour le moment, et j'arrive de la barrière où j'ai conduit et quitté cette intéressante famille.

— Et les adieux, demanda une jeune personne, comment cela s'est-il passé? Il m'est impossible, mademoiselle, de vous dire un seul mot sur ce sujet. Mon cœur était tellement rempli, tellement préoccupé de tant de choses dans ce moment, que je n'ai rien senti, que je n'ai pensé à rien qu'au bonheur dont jouissaient mes chers voyageurs.

— Ah! quel homme admirable vous êtes, Dancourt, s'écria chaque personne de la société! Aussitôt toutes les dames et demoiselles qui se trouvaient là, se levant avec grâce, l'environnèrent, et un baiser fut le prix de la reconnaissance de chacune d'elles, pour la complaisance qu'il avait eue de leur raconter cette histoire.

Rosalie fut la seule qui ne l'embrassa point. Ce triomphe bruyant ne lui parut point suffisant pour célébrer l'acte d'héroïsme de ce vertueux jeune homme. Elle ne lui adressa pas un seul mot de félicitation, mais elle se retira dans un coin de l'appartement pour essuyer les larmes que ce récit lui avait fait répandre.

Le soir, tout le monde étant sorti pour se promener dans le jardin et prendre l'air, Rosalie resta seule derrière les autres dames, dans une allée couverte. Dancourt, s'approchant d'elle de l'air le plus respectueux : Je venais vous chercher, lui dit-il, mademoiselle, de la part de toutes nos dames, qui attendent après vous pour commencer nos petits jeux de société.

— Permettez, répondit Rosalie,

en s'approchant de lui et le regardant avec attendrissement, permettez que je vous fasse mes remercimens; puis aussitôt poussant un profond soupir, et lui prenant la main, elle la pressa contre son cœur.

Dancourt la serrant étroitement entre ses bras, la souleva plusieurs fois de terre, comme s'il eût voulu l'en détacher, et s'élever avec elle vers une région plus pure et plus faite pour le bonheur. Ensuite, d'un ton plaintif et douloureux, qui annonçait l'état de son cœur. — O ma chère Rosalie, s'écria-t-il, que je suis malheureux!... — Serait-il possible? répondit Rosalie, en se détachant de ses bras, et en le regardant d'un air affligé, par la manière dont il avait prononcé ces mots.....

Daucourt parut attendri et calmé par cette question; mais, laissant tomber ses bras à côté de lui, sans force et sans mouvement, il demeura un moment comme interdit; puis, portant brusquement la main sur son front, et poussant un profond soupir : — De grâce, pardonnez mademoiselle Rosalie, lui dit-il d'un ton fort extraordinaire, pardonnez l'aveu qui s'échappe de ma bouche, mais il ne m'est plus possible de vous taire aujourd'hui tout ce qu'éprouve mon cœur. La manière pleine de sensibilité avec laquelle vous avez écouté le récit que j'en ai fait, et votre bonté pour moi dans ce moment, tout cela me trouble et m'enivre de plaisir. Loin de détruire la douce idée que j'aime à me former de vos vertus, permettez-moi de croire que vous y joignez aussi celle d'un cœur sensible.....

Apeine eut-il achevé ces derniers mots, qu'il proféra lentement et d'un ton qui n'annonçait qu'une politesse froide, qu'il fit un salut et s'en alla.

Rosalie, qui s'était attendue à une entrevue toute différente, le vit s'éloigner sans avoir la force de le retenir, ni de lui adresser un seul mot, par l'étonnement que lui causait une pareille conduite, et Dancourt était déjà loin d'elle, quand elle pensa à le rappeler. C'était pour la seconde fois qu'il se refusait à entendre la déclaration de son amour; et c'était également pour la seconde fois que Rosalie avait fait en vain tout ce qui dépendait d'elle pour lui faire l'aveu d'un sentiment qui s'accroissait chaque jour par la découverte des nouvelles qualités de celui qui le lui inspirait. Cette espèce d'affront affligea son cœur, sans cependant le blesser, parce qu'elle concevait parfaitement ce qui le faisait agir ainsi; mais elle sentit en même tems qu'il lui était impossible de faire plus qu'elle n'avait fait jusqu'ici.

Etant entrée dans l'appartement où était la société qui l'attendait impatiemment, elle trouva Dancourt assez gai et assez tranquille, s'occupant à arranger différentes choses pour les petits jeux auxquels on était convenu de s'occuper. Ce fut par un ton de voix plus doux, par une suite d'attentions plus délicates pour Rosalie, et dont elle seule pouvait s'apercevoir, qu'il la distingua de toutes les autres jeunes personnes qui composaient ce cercle.

Plus Rosalie réfléchit, plus elle trouva que le sacrifice que Dancourt méritait de sa part, devait être grand et sans réserve. Sentant parfaitement le motif qui le faisait refuser d'entendre l'aveu de son amour, elle se reprocha de ne pas surmonter un ridicule sentiment d'amour-propre qui l'empêchait d'être la première à lui dire qu'elle l'aimait. Quand elle était seule, elle avait le courage de penser bien plus de choses encore; mais une fois auprès de lui, les mots expiraient sur ses lèvres. Il ne se présenta plus aucune circonstance qui lui permît d'en venir à une explication définitive. Dancourt d'ailleurs l'évitait d'une manière trop marquée, pour qu'elle dût penser à la chercher. Ils s'aimaient tous deux sans se le dire; avec le tems leur liaison prit un caractère moins triste; leurs entretiens, devenus plus fréquens, plus libres et plus intimes, leur ayant déjà appris à s'estimer, ils sentirent alors qu'ils se rendraient mutuellement heureux, si jamais il leur était permis d'avouer leurs sentimens qu'ils avaient conçus l'un pour l'autre.

Il est vraisemblable qu'ils en fussent venus à une explication quelconque, sans un tiers personnage qui intervint et qui leur en ôta les moyens : ce fut Senneval;

le fils du Lieutenant de police. C'était un jeune homme comme on en rencontre beaucoup dans le monde. Il était sémillant, étourdi, parlant beaucoup et avec facilité. Il occupait dans les bureaux de son père une place qu'il remplissait avec autant d'intelligence que d'activité; il aimait le plaisir, mais avec modération, et jamais il ne lui sacrifia les instans qu'il savait appartenir à sa place. S'avancer dans le monde, en sachant profiter des avantages que l'on y rencontre, telle était sa devise, tel était le but auquel il visait continuellement. Plein de tolérance pour ceux qui pensaient autrement, il riait de tout son cœur de la conduite sentimentale de Dancourt avec lequel il avait du plaisir à se trouver, quoiqu'ils différassent de principes et d'opinion. En général, il passait peu de tems avec lui et le voyait rarement, parce qu'il avait un cercle de connaissances qui lui convenaient davantage : Louise, sa sœur, lui en ayant fait quelques reproches, — Ma chère amie, lui dit-il, je suis aussi peu fait pour les personnes de votre société, que Dancourt l'est pour celles de la mienne. Je sens qu'auprès de lui je passerai pour un *roué*, de même qu'il passerait pour un fou auprès des gens que je fréquente. Un monde peuplé de gens de cette espèce, rendrait nos poètes et nos théâtres inutiles, au lieu que le monde, tel qu'il est aujourd'hui, fait qu'on aura toujours besoin de *petites maisons*.

Cette classe d'hommes à grands principes ne peut cadrer avec nous. Tout chez eux est gigantesque et hors des proportions; ils ne mesurent tout que sur l'éternité, et passent d'une extase dans une autre. Je suis aussi raisonnable qu'on le peut être à mon âge; mais auprès de Dancourt, ma bonne amie, je sens que je ne le paraîtrais guère. Son rôle ne me rendrait jamais heureux, et tout homme doit jouer avec grâce et de son mieux celui qu'il se charge de remplir dans le monde.

C'était ainsi que Senneval jugeait de Dancourt et de ses vertus; mais tout-à-coup, il devint plus séducteur que de coutume. Le goût pour la vie dissipée qu'il avait tant aimée jusqu'alors, diminua insensiblement et prit un caractère plus prononcé pour la vie retirée. Cela venait de ce qu'il commençait à aimer Rosalie, ou plutôt à haïr les femmes qu'il rencontrait dans le grand monde. Presque tous les jours il était à portée de voir et d'étudier les manières simples de celle-ci, de juger de son innocence, de sa délicatesse, de la pureté de son cœur et de son amour pour tout ce qui tenait à l'ordre et à l'économie : il trouvait en elle des vertus qu'il était bien éloigné d'avoir rencontrées dans les femmes de sa société, et c'était ces mêmes vertus qu'il voulait trouver réunies dans la femme qu'il désirait un jour choisir pour la sienne. D'ailleurs Rosalie était destinée à avoir de la fortune. Il résolut donc de faire tout ce qui serait en son pouvoir, pour toucher et gagner son cœur.

Plus il eut d'attentions pour elle, plus l'amour qu'il chercha à lui inspirer parut désintéressé ; mais il ne tarda pas à remarquer que Dancourt devenait une pierre d'achoppement pour lui, et un obstacle à ses vues. Cependant, en examinant plus attentivement le peu de rapports qu'il y avait entre lui et Rosalie, il lui parut impossible qu'il obtînt sa main, et pour réussir plus sûrement auprès d'elle, il crut qu'il était à propos de ne lui laisser encore rien remarquer des sentimens qu'elle lui inspirait : il s'observa donc avec le plus grand soin, afin de cacher l'amour qui faisait chaque jour de nouveaux progrès dans son cœur.

Ne pouvant commander à la force du sentiment qu'il éprouvait, Senneval devint plus entreprenant, et dans un entretien particulier qu'il eut avec Dancourt, — Vous savez, mon cher, lui dit-il un jour, ce que peuvent les principes contre les usages et les préjugés dont on nous a imbus dans notre jeunesse. Trouvez-moi, je vous prie, un homme qui agisse conséquemment et d'après ces principes ; mon père, par exemple, pour nous renfermer dans le cercle des personnes que nous connaissons, porte, on ne peut plus loin la sévérité de ses principes, en morale. Vous savez avec quelle justice on doit le citer pour la manière dont il remplit ses devoirs : il est généreux, sensible, bienfaisant, loyal, juste, et, ce qu'on doit bien plus encore admirer dans un Lieutenant de police, qui tous les jours a devant les yeux les tableaux les plus affreux des crimes que peuvent commettre les hommes, il croit à la vertu. Eh bien, conduisez-le à la Cour, et mettez-le aux prises avec un ministre, ou avec un favori du prince, et vous verrez alors quels sont ses principes : il s'arrête à un certain point, et l'on ne pourra le contraindre à dépasser ce point qu'il aura marqué... Vous ne pouvez nier ce que je viens d'avancer, dit Senneval à Dancourt, en le voyant rire et hausser les épaules, et ce que je dis de mon père, peut se dire également de tout autre. Citons encore le père de Rosalie, continua-t-il ; assurément c'est le plus excellent homme que la terre ait jamais porté : il aime ses enfans jusqu'à la faiblesse, il donnerait sans difficulté sa vie pour eux, il n'est occupé que de leur bonheur. Cependant je pose en fait que cet homme ne consentirait jamais à ce que son fils devînt heureux par une jeune personne qu'il aimerait, si la famille de cette jeune personne n'était pas aussi ancienne que la sienne.

Dancourt, entendant ces mots, qui semblaient porter le dernier coup aux secrètes espérances dont il aimait à s'entretenir, sentit son cœur comme transpercé par un poignard : il baissa les yeux et interrompit l'entretien avec un air troublé, qui annonçait ce qui se passait dans son ame. Persuadé qu'il devait renoncer à toutes ses espérances, il se comporta, dès ce moment, avec Rosalie avec beaucoup de cérémonie et de froideur; et cela devait être, selon lui, car il ne se croyait nullement en droit d'aspirer à la main d'une jeune personne pour laquelle il avait conçu des sentimens que les convenances d'usage semblaient lui défendre.

Cependant Senneval n'atteignit pas entièrement le but qu'il se proposait, il se flattait que l'air froid et réservé de Dancourt finirait par offenser Rosalie ; mais elle lui en demeura d'autant plus tendrement attachée, que, de tems en tems, il s'échappait toujours de son cœur quelqu'étincelle qui annonçait une chaleur de sentiment propre à la désabuser de cette prétendue indifférence. Senneval fut alors obligé de recourir à de nouveaux moyens, et d'employer une tactique différente pour réussir dans ce qu'il projettait. — Vous avez raison, dit-il un jour à Rosalie, c'est véritablement un spectacle imposant, que de voir un homme qui se sacrifie pour le bonheur des autres; mais il n'est pas donné à tout le monde d'atteindre à ce degré sublime de vertu. Je vous avouerai franchement que moi, par exemple, je ne suis pas aussi *sensuel* qu'il faut l'être pour cela.

— Aussi *sensuel*, répliqua Rosalie avec vivacité, je ne vous comprends pas.

— C'est-à-dire, répondit Senneval, que je n'aurais pas assez de force d'esprit. Le mot ne fait rien à la chose, dès que l'on sait ce que l'on veut dire. Or ces hommes transcendans, pourquoi ne les appellerais-je pas des êtres *sensuels*? — Ah! dit Rosalie, en l'interrompant, pourquoi rapporter des motifs qui tiennent au sens des choses, qui, d'après leur nature, ne viennent que du cœur.

— D'après leur nature? C'est d'après leurs effets que vous voulez dire..... Ces élans sublimes, si vifs, si rapides et si impérieux, qui sont le mobile de tant de grandes actions, tiennent à des sensations corporelles, beaucoup plus que vous ne le pensez. Avez-vous jamais rencontré un homme qui fût assez supérieur à ces considérations personnelles, pour?....

— Oui, répondit Rosalie, en rougissant, et cet homme c'est Dancourt.... Prenons un autre exemple, si vous voulez bien me le permettre, dit Senneval, en riant aux éclats; car ce n'est jamais les amis qu'il faut proposer pour terme de comparaison en pareille circonstance. Au reste, je conçois que Dancourt vous paraisse si propre à vous en servir; cela est naturel. Cette chaleur de sentiment avec laquelle les hommes de cette trempe embrassent tout, trouvent les moyens de s'immiscer dans tout, en impose d'abord et séduit pendant quelques instans; mais cette exaltation, une fois que le motif en est connu, finit par leur jouer un mauvais tour, et les amène au point de rougir de leurs vertus, autant que nous, qui sommes plus calmes, plus modérés, avons eu un sujet, selon eux, de rougir de notre sang-froid et de notre tranquillité. La constance et la fidélité, voilà notre vertu favorite, voilà notre devise; la leur est un amour toujours en mouvement, toujours agité.... Qu'une chose nous plaise, nous savons l'aimer avec passion, et cet amour remplit exclusivement notre cœur sans nous faire perdre la tête; ces hommes, au contraire, d'une nature, d'une essence en quelque sorte inflammable, sont électrisés par tout ce qui touche la moindre fibre de leur cœur; ils aiment tout parce que la capacité de leur ame est trop grande pour leur permettre de se borner à imiter notre fidélité.

— Vous plaisantez, M. de Senneval, dit Rosalie, en se mettant à rire.

— Nullement, répondit celui-ci, en prenant un air grave et sérieux, je conviens avec vous que ce Dancourt, que vous regardez comme un être à citer parmi ces hommes transcendans dont nous venons de parler, mérite cette distinction. Je connais plusieurs traits de lui qui annoncent une force et une élévation d'ame que j'admire et que j'ai de la peine à concevoir..... Eh bien, ce même Dancourt, par exemple, rencontre une jeune personne malheureuse, et son cœur palpite du bonheur de pouvoir la secourir. Il travaille, il en vient aux prises avec l'infortune dont il se plaint, il remue ciel et terre, brave la honte et la crainte, pour lui prouver l'intérêt que le malheur lui inspire, et le désir qu'il éprouve d'en arrêter le cours. Cette jeune personne à son tour est émue, entraînée par cet acte de générosité... Le cœur d'une jeune fille s'électrise si aisément!....... Elle finit par s'attacher à lui avec une ardeur que rien ne peut exprimer.... Le malheur rend intéressant; les larmes embellissent; un service rendu excite la confiance, l'exaltation rend inconsidéré, faible, et..... comme je vous le disais, tout ce qui respire sur la terre est susceptible de recevoir l'impression des objets qui touchent les sens..... Or donc, supposé que ce Dancourt si sensible, si compatissant et si généreux, eût une épouse auprès de laquelle le tems, qui détruit tout, lui montrât moins de charmes qu'auparavant pour intéresser et fixer son cœur, croyez-vous alors qu'il sût résister au désir de lui faire une petite infidélité? Croyez-vous même qu'il ne la trouvât pas très pardonnable? Or rien de pareil ne peut nous arriver, à nous, hommes calmes et réfléchis; la voix du malheur peut attendrir nos cœurs, mais non les rendre faibles.......

— Vous vouliez citer un exemple, dit Rosalie, en l'interrompant, et j'aime à croire que tout ceci n'est qu'une hypothèse. Dancourt serait-il en aucune manière, dans le cas de l'application?

— Vous savez, Mademoiselle, répondit Senneval, en riant, que je n'aime point, pour prouver une thèse, qu'il est si facile de comprendre, aller chercher mes raisons dans la personne de nos amis; et puis d'ailleurs, Mademoiselle, en lui prenant la main et en la baisant tendrement, votre esprit a-t-il besoin d'aucun exemple pour parvenir à mon cœur?

Ce discours de Senneval fit sur Rosalie la plus vive impression. Tel est le poison que distille la morsure envenimée du serpent, il circule dans nos veines qu'il glace et qu'il corrompt. Mais, quels sentimens bien plus pénibles encore l'agitèrent, quand elle entendit son amie Louise, raconter, dans différentes circonstances, beaucoup d'autres anecdotes semblables sur Dancourt! Quel serrement de cœur elle éprouva, quand elle entendit, un autre jour, le Lieutenant de police renouveler les mêmes plaisanteries et qu'elle vit rougir son bien-aimé Dancourt!

S'étant informée plus exactement à son amie de tout ce qu'elle savait à ce sujet : Que voulez-vous, lui dit celle-ci, Dancourt est un être en qui le sang prédomine; son ton sentimental n'est que de l'exagération, n'annonce qu'une tête exaltée..... C'est un papillon qui s'attache sur tous les objets qu'il rencontre, qui s'enflamme à la vue d'un joli visage, et qui, dans l'espace de vingt-quatre heures, s'amourachera d'une douzaine de jeunes personnes, si la lune et les étoiles restaient tout ce tems sur l'horizon : le jour il est solide, mais une fois la nuit venue, il faut s'en méfier; la vue d'une planète suffit pour le porter à toutes les extravagances possibles. J'en aurais trop à vous dire, si je voulais vous raconter les mille et une histoires qui circulent sur son compte, et qui amusent tous les gens de la maison.

Senneval était la cause de tout ce bavardage. Il avait répandu adroitement parmi les domestiques de la maison, sur le compte de Dancourt, une foule de petites anecdotes qui paraissaient très vraisemblables. Dans le monde, il avait su profiter si habilement de quelques petites échappées de la part de son ami; qu'il fut obligé, à la fin, de prendre son parti et de le défendre contre ses parens et

Louise sa sœur. Personne n'adressait un mot à Dancourt que ce ne fût pour le plaisanter et faire des allusions sur ses amours. Rien n'égalait l'embarras de celui-ci, quand Rosalie se trouvait témoin de ces plaisanteries, parce qu'il croyait que l'on voulait parler de son amour pour elle, et alors il prenait l'air et le ton de l'indifférence la plus soutenue et la plus marquée. Rosalie, qui savait très bien démêler le sens de ces allusions ainsi que de leurs motifs, n'en expliquait pas moins faussement pour cela son embarras et sa froideur; et tout lui confirmait de plus en plus l'humeur volage de Dancourt.

Si vrai et si sincère que fût son

amour pour lui, elle se crut obligée de renoncer à tout ce que ce sentiment lui inspirait; elle le fit, et ne s'en trouva que plus malheureuse. Senneval ne se contenta pas de tout ce qu'il avait fait jusqu'alors pour éveiller sa méfiance sur le compte de Dancourt, il porta encore plus loin la perfidie. Un jour, vers la brune, que Rosalie et Louise étaient à se promener dans l'avenue de la maison de campagne sur les bords de la Seine, où elles devaient passer vingt-quatre heures, Senneval, les ayant vues, quitte le jeune homme, avec lequel il était, se met à rire aux éclats en s'avançant vers elles.

— Pourrait-on savoir, mon frère,

lui demanda sa sœur, ce qui vous fait tant rire? — Pourquoi non, répondit Senneval, si vous voulez me suivre, je vous ferai voir une jeune personne charmante qui est à se promener sous les marronniers près de la grille du parc, et qui regarde de tous côtés si elle ne verra pas venir celui qui lui a donné rendez-vous dans cet endroit. — Fi donc, repartit Louise, comment supposer quelqu'un de notre société capable d'une action aussi méprisable? Cela n'est point du tout risible; je veux aller avec vous m'assurer de ce fait.

Ils quittent aussitôt Rosalie, qui, loin de penser mal de ce qu'elle venait d'entendre, s'avança avec le plus grand calme vers sa place favorite sur les bords de la Seine. Elle y trouva Daucourt assis et enseveli dans une profonde méditation.

Aussitôt qu'il l'eut aperçue, il se leva et lui offrit son bras qu'elle accepta, et ils continuèrent leur promenade.

A peine avaient-ils fait quelques pas ensemble, poussant l'un et l'autre de profonds soupirs, qu'un des garçons du jardinier accourut vers Dancourt, en lui disant qu'il y avait là quelqu'un qui voulait lui parler. — Dans quel endroit est cette personne, lui demanda Dancourt? — Parbleu vous devez bien le savoir, c'est dans l'allée des marronniers, près de la grille du parc. — Oui, répondit Dancourt, en saluant Rosalie, et courant vers l'endroit qui lui avait été désigné, je sais qui. — Sans doute, dit le garçon jardinier en s'enfuyant, c'est une belle dame de Paris, et qui est ma foi bien jolie.

On conçoit quelle fut la surprise et la douleur de Rosalie à cette réponse. Ensevelie dans ses réflexions, et pouvant à peine se soutenir, elle traversa une allée d'acacias plantés sur les bords de la rivière et fait un grand détour, afin de ne rencontrer personne pour se rendre à un certain endroit qui donnait en face de l'avenue qui conduit à Paris. Là, elle vit Dancourt, marchant à côté d'une jeune personne qu'il embrassa à plusieurs reprises, tout en suivant la route de Paris. Elle retint les larmes dont ses yeux étaient remplis, et sentit partout son corps un frisson qui la glaça. Elle vit dès ce moment qu'il fallait renoncer pour jamais à être heureuse par celui qu'elle aimait, et la douleur intérieure qu'elle éprouvait parut lui rendre un peu de calme et de tranquillité.

Cet incident était un tour de Senneval, qui, le matin, avait eu soin de préparer pour Dancourt une affaire très pressée, ainsi qu'il pouvait au besoin en trouver facilement dans les bureaux de son père. Celui-ci ne voulait point être de la partie de campagne, mais Senneval l'avait engagé à s'y rendre, en lui disant que si l'on avait besoin de lui à Paris, il donnerait ordre à un domestique de le venir chercher, qu'il s'en retournerait sans rien dire à personne, mais qu'il était absolument nécessaire qu'il fît ce petit voyage.

Dancourt, n'ayant pu s'en défendre plus long-tems, donna dans le piège, sans se douter en rien du tour que voulait lui jouer son perfide ami. La jeune dame des marronniers était une femme apostée et à laquelle on avait eu grand soin de faire la leçon auparavant. Un homme de la taille de Dancourt et habillé exactement comme lui, avait été également aposté dans les bosquets qui donnaient sur la Seine. Senneval, qui avait eu soin de recommander à Rosalie d'observer la jeune personne, ayant aperçu le domestique qui venait de Paris chercher Dancourt, fut à sa rencontre et lui promit de se charger d'aller l'avertir. Ce fut pendant ce tems que la dame prétendue vint dire au garçon jardinier qu'elle désirait parler à Dancourt.

Senneval, qui dirigeait cette manœuvre, retint le jardinier jusqu'à ce que Rosalie fût auprès de Dancourt, lequel ayant rencontré le domestique qui lui amenait un cheval, partit aussitôt pour Paris.

FIN DU TOME PREMIER.

OUVRAGES NOUVEAUX

Qui se trouvent chez le même Libraire.

LES MILLE ET UNE NUITS, contes arabes, traduits en français, par *Galland*; nouvelle édition, revue corrigée et précédée d'une Notice sur la vie et les Ouvrages de Galland, par *Saint-Maurice*, 8 vol. in-18, ornés de huit jolies gravures, d'après les dessins de *Dévéria*. 24 fr.

HISTOIRE D'ALADIN, *ou* LA LAMPE MERVEILLEUSE, conte tiré des *Mille et une Nuits*; 1 vol. in-18, orné d'une jolie vignette. 2 fr.

LE CITATEUR DRAMATIQUE, *ou* CHOIX DES MAXIMES, SENTENCES, AXIOMES, APOPHTHEGMES ET PROVERBES EN VERS, CONTENUS DANS TOUT LE RÉPERTOIRE DU THÉATRE FRANÇAIS, recueillis et mis en ordre par *Léonard Gallois*; seconde édition, 1 vol. in-18. 3 fr.

THÉORIE DE L'ART DU COMÉDIEN, *ou* MANUEL THÉATRAL, par *Aristippe*; avec cette épigraphe :

> . . . . . . Si cet art est impie,
> Sans répugnance il le faut abjurer,
> S'il ne l'est pas, il le faut honorer.
>
> (VOLTAIRE.)

1 vol. in-8.º 6 fr.

Cet Ouvrage contient, outre les principes de l'Art du Comédien, des Observations sur le Théâtre en général, sur les Théâtres étrangers, et sur tous les grands Acteurs; il sera terminé par des Réflexions sur le Conservatoire, et par la Table de tous les Ouvrages qui ont paru sur cette matière. Le Manuel théâtral est utile non-seulement aux Comédiens, mais encore à toutes les personnes qui, par état ou par quelques circonstances particulières pourraient être appelées à parler en public.

www.ingramcontent.com/pod-product-compliance
Ingram Content Group UK Ltd.
Pitfield, Milton Keynes, MK11 3LW, UK
UKHW012209240726
13966UKWH00002B/667

9 782011 742810